NOTICE BIOGRAPHIQUE

SUR

GEORGES DUFAUD

ÉLÈVE DE LA PREMIÈRE PROMOTION

DE

L'ÉCOLE POLYTECHNIQUE

INGÉNIEUR-CONSTRUCTEUR

DES USINES DE FOURCHAMBAULT

(1777-1852)

NEVERS

IMPRIMERIE MAZERON FRÈRES

1893

NOTICE BIOGRAPHIQUE

SUR

GEORGES DUFAUD

NOTICE BIOGRAPHIQUE

SUR

GEORGES DUFAUD

ÉLÈVE DE LA PREMIÈRE PROMOTION

DE

L'ÉCOLE POLYTECHNIQUE

INGÉNIEUR-CONSTRUCTEUR

DES USINES DE FOURCHAMBAULT

(1777-1852)

NEVERS

IMPRIMERIE MAZERON FRÈRES

—

1893

A l'occasion du centenaire prochain de la fondation de l'Ecole polytechnique, je viens, en quelques pages, retracer la carrière de Georges DUFAUD, élève de la première promotion.

Ancien élève moi-même de cette école, petit-fils par alliance de G. Dufaud, dépositaire actuel de ses papiers et ayant eu l'honneur, après son illustre fils Achille Dufaud, d'être directeur des usines qu'il a édifiées, il m'a semblé qu'il m'appartenait d'accomplir le devoir pieux d'apporter une pierre de plus au monument que l'on va ériger à l'honneur de notre école et de ne pas laisser tomber dans l'oubli les titres assurément glorieux de Georges Dufaud à la reconnaissance de son pays.

Pour ne pas surcharger de détails cette courte notice biographique, j'ai rejeté à la suite comme annexes, les copies, in-extenso ou par extraits, des documents qui fournissent les preuves de tous les faits qui la composent.

Décembre 1892.

ALFRED SAGLIO,
De la promotion de 1841.

GEORGES DUFAUD

NOTICE BIOGRAPHIQUE

Jean-Georges Dufaud naquit à Nevers en décembre 1777 ; il fut baptisé le 27 décembre à l'église de Saint-Jean, paroisse réunie depuis à la paroisse cathédrale de Saint-Cyr.

Son père, Jean-Ange-Laurent Dufaud était né à Lyon, paroisse Saint-Nizier, le 19 avril 1742. La famille était nombreuse, car en janvier 1777, époque du décès d'Aimé Dufaud, père de Jean-Ange-Laurent, nous voyons par son testament qu'elle était encore composée de treize frères et sœurs. C'est pour cette raison sans doute que, dès sa vingtième année, le père de Georges Dufaud quitta Lyon et choisit, nous ne savons pour quelle raison, le Nivernais pour s'y créer un avenir. Presque immédiatement il entra au service de M. Babaud de La Chaussade, seigneur de Guérigny, fondateur des célèbres usines métallurgiques qui appartiennent maintenant à l'Etat *(Annexe A)*. Sur un contrat de mariage du 9 août 1768, J.-A.-L. Dufaud est qualifié d' « *agent des affaires de M. de La Chaussade.* » Il habitait dans les dépendances du château de Guérigny, où il était encore en 1773.

Après la vente de Guérigny au roi Louis XVI, en 1781, M. de La Chaussade, qui avait pu apprécier la valeur de J.-A.-L. Dufaud, lui donna la ferme de la forge de Beaumont-la-Ferrière (1). C'est au château de Beaumont que mourut, le 7 vendémiaire an V (28 septembre 1796), Marie-Anne Cerf, épouse de J.-A.-L. Dufaud et mère de Georges Dufaud. Elle était fille du sieur Cerf, de Villars, paroisse du Gravier, près La Guerche (Cher).

Par les détails qui précèdent, nous voyons que Georges Dufaud naquit et fut élevé dans les forges. Il y assista, tout jeune encore, aux efforts extraordinaires qui furent faits pendant les guerres de la République, pour fournir à nos armées de terre et de mer les armes et engins de toute nature dont il se faisait une énorme consommation, et son esprit fut dès lors tou-

---

(1) Dans les archives municipales de Beaumont-la-Ferrière se trouve un acte de déclaration de biens du 5 janvier 1793, fait par le citoyen Lignières, régisseur des biens de la succession de feu M. de La Chaussade, duquel il résulte que le citoyen Dufaud s'était rendu fermier de ces biens, maisons et usines le 13 juin 1786 et 6 mars 1788. (Communiqué par M. Gaston Gauthier, auteur de la remarquable monographie de la commune de Beaumont-la-Ferrière.)

jours tenu en éveil sur les perfectionnements à donner à cette industrie.

En 1793, il assista et coopéra sans doute à la fabrication, par des laminoirs, fabrication toute nouvelle alors, de lames pour canons de fusil, que son père installa dans les forges qu'il exploitait *(Annexe B)*.

En 1794, il entrait à l'École polytechnique, élève de la première promotion. Il y fut camarade d'hommes illustres, savants ou industriels, Héron de Villefosse, Dupin, de Lapparent, Francœur, Malus, Roard de Clichy, Rohault de Fleury, Mertian, etc., dont l'estime et l'amitié, attestées par les lettres que nous avons retrouvées dans ses papiers, lui demeurèrent acquises pour toute sa vie.

A sa sortie de l'École, il n'entra dans aucun service public, il retourna auprès de son père, aux travaux métallurgiques duquel il fut associé ; puis, son père ayant été nommé, en 1799, directeur de la poste aux lettres à Nevers, il devint maître de forges pour son propre compte. Depuis ce moment, il ne cessa de s'occuper du perfectionnement de la sidérurgie avec une ardeur et une persévérance qui ne se démentirent pas un instant dans sa longue carrière industrielle.

Il ne pouvait s'accommoder de la routine où se traînait alors l'industrie des forges et ne tarda pas à se frayer une route nouvelle dans laquelle il devait un jour être suivi avec un élan qui amena une révolution dans la fabrication du fer en France.

Convaincu par de nombreuses expériences que l'opinion de Monge, Berthollet et Vandermonde, sur l'affinage de la fonte, n'était pas exacte, il eut des discussions suivies avec le premier, qu'il réussit à convaincre. Ces savants célèbres prétendaient que la fonte était un métal imparfait combiné avec une grande partie d'oxygène, ce qui, pour son affinage, c'est-à-dire pour son passage à l'état de fer malléable, rendait nécessaire son contact avec le charbon à l'état rouge.

Pour lui, il disait, dans un mémoire imprimé en 1806, « que la fonte était du fer, plus du
» charbon et des terres de gangue imparfaite-
» ment vitrifiées et alors restant encore combi-
» nées avec le fer ; que le contact de la fonte
» avec le charbon, à l'état rouge, n'était pas
» indispensable à son affinage, que le calorique
» suffisait pour débarrasser la fonte du char-
» bon et des terres qui s'opposaient au rappro-
» chement des molécules de fer qui en formaient
» la base ».

Il fit connaître, à l'appui de son opinion, les expériences qui l'avaient conduit à ramener le fer à l'état de fonte et la fonte à l'état de minerai et celles qu'il avait faites pour réduire la fonte dans un four à réverbère en l'isolant du combustible. Or, il importe de remarquer qu'à cette époque (de 1802 à 1808), les procédés anglais étaient inconnus en France. Georges Dufaud les avait inventés.

Ce mémoire fit sensation, et M. Thénard, dans son cours du collège de France, le citait souvent en s'appuyant de l'opinion de G. Dufaud lorsqu'il arrivait aux leçons sur la métallurgie du fer.

Les expériences nombreuses, difficiles et dispendieuses qu'il fallut faire avant d'arriver à un résultat pratique, furent poursuivies par G. Dufaud avec une persévérance infatigable et au prix des plus grands sacrifices, pendant une époque extrèmement pénible à traverser pour l'industrie. Il s'y livra dans plusieurs usines successivement : à Beaumont-la-Ferrière, Uxeloup, Pont-Saint-Ours, où il fabriquait les fers demandés par le commerce, la marine marchande et surtout l'artillerie.

En 1808 il monta, à Pont-Saint-Ours (près Nevers), un four à réverbère, dans lequel il fit un grand nombre d'expériences, et spécialement devant une commission composée d'officiers d'artillerie et d'un ingénieur des mines.

Enfin, le 20 juillet 1808, il demanda un brevet d'invention pour l'affinage du fer à la houille, brevet confirmé par un décret impérial, rendu au camp d'Aranda de Duéro, le 26 novembre de la même année (*Annexe C*).

En 1810, la Société d'Encouragement pour l'Industrie nationale lui décernait une médaille d'or et un grand prix pour la purification du fer cassant à froid, par un procédé basé sur l'affinage du fer à la houille, dans un four à réverbère (*Annexe D*). Depuis longtemps, ce sujet de prix avait été successivement remis au concours chaque année.

Dès 1811, il fut aussi désigné pour le prix relatif à la purification du fer cassant à chaud, prix qui ne lui fut décerné définitivement qu'en 1819, comme l'expliquent les documents annexés.

Le comte Chaptal, si juste appréciateur des idées grandes et utiles en industrie, frappé des excellentes vues d'un mémoire que G. Dufaud lui adressa, en 1811, sur la substitution de la houille au charbon végétal dans la fabrication du fer, lui en témoigna toute sa satisfaction en appelant sur l'auteur la munificence de l'Empereur.

La bienveillance et l'estime de cet homme éminent lui restèrent acquises, et le 27 décembre 1819, le comte Chaptal lui écrivait : « Vous avez
» tant fait pour la fabrication du fer, que son
» amélioration en tout genre forme votre apa-
» nage. Je vois avec infiniment de plaisir que
» vous continuez à perfectionner. Je rece-
» vrai avec beaucoup de reconnaissance la
» communication du résultat que vous m'an-
» noncez. — Vous m'avez aussi promis un court
» état des progrès qu'ont faits vos usines depuis
» quelques années, et je tiens à ce qui vient de
» vous : comme d'ailleurs ces progrès sont
» presque en entier votre ouvrage, il vous sera
» facile de me les donner, j'en enrichirai ma
» seconde édition. »

En 1811, G. Dufaud fut appelé à construire l'établissement de Montataire (Oise); il y installa, bien que ne connaissant pas encore ce qui se pratiquait en Angleterre, un petit laminoir d'essai, pour l'étirage du fer, et un four pour affiner le fer à la houille, dont la flamme chauffait en même temps un four de cémentation pour l'acier. Ce système de fabrication allait prendre un grand développement dans les usines de Montataire quand survinrent les malheureux évènements de 1814.

Cette même année, G. Dufaud entrait en relations avec MM. Paillot père fils et Labbé, grands marchands de fer de Paris, qui désiraient se l'attacher pour l'exploitation des forges que cette maison avait affermées à Grossouvre, dans le Cher. — En 1815, nous le trouvons à la tête de cette usine; il se retrouvait presque sur son terrain natal et dans le pays de sa mère. Il s'occupa de suite d'appliquer les procédés qu'il avait inventés.

Ayant été chargé en mars 1817, par MM. Paillot père fils et Labbé, de négocier en Angleterre une grande opération commerciale, il la mena à fin avec une grande habileté qui lui fit beaucoup d'honneur; il profita de cette occasion pour étudier en même temps pendant deux mois, sur les lieux, le système anglais de fabrication du fer. On peut s'imaginer aisément avec quelle rapidité il en saisit les procédés, lui qui retrouvait, dans les forges anglaises, toutes les idées qui l'avaient si fortement occupé dès

1806. Son journal de voyage et les notes techniques prises par lui sur les lieux et que nous avons sous les yeux, font voir que la semence tombait sur une terre bien préparée pour la recevoir. Aussi, à peine rentré en France, il organisa, à Trézy, dépendance de Grossouvre, la fabrication du fer à l'anglaise, et cette installation ne fut pas une simple et facile imitation; elle offrait presque toutes les difficultés et avait le mérite d'une véritable création, car il n'avait avec lui aucun ouvrier anglais. Il lui fallut tout faire : établir toutes les machines dans leurs plus petits détails comme dans leur ensemble; instruire, former les ouvriers français; et cependant il sut tout conduire de front avec une sûreté de jugement, une énergie et une activité telles, qu'à la fin de 1817, des produits de cette nouvelle forge paraissaient dans le commerce (*Annexe E*).

Lors de l'Exposition de l'Industrie nationale, en 1819, G. Dufaud recevait, avec une médaille d'or, la décoration de la Légion d'honneur, juste récompense du service qu'il venait de rendre à l'art des forges françaises. (*Annexe F*).

En 1819, au mois d'octobre, MM. Paillot père fils et Labbé cédèrent l'établissement de Grossouvre et dépendances à MM. Boigues qui continuèrent à l'exploiter. Comme MM. Paillot père fils et Labbé n'étaient que fermiers de Grossouvre et que le bail qu'ils avaient cédé devait expirer au mois de juin 1825, MM. Boigues, à qui G. Dufaud avait fait comprendre l'avenir réservé à ceux qui les premiers sauraient exploiter en grand l'industrie du fer par les nouveaux procédés, pensèrent à l'avance à transporter cette industrie sur un autre point mieux placé pour la réception des charbons de terre et des fontes et l'expédition des marchandises fabriquées.

La position de Fourchambault leur offrit ce qu'ils désiraient : ils achetèrent une propriété tenant à la Loire et chargèrent, en mars 1821, G. Dufaud de construire sur cet emplacement l'établissement qui devait être le centre de leur industrie.

A cette époque de sa vie, G. Dufaud se trouva ainsi en pleine possession de tous les moyens d'action qui sont nécessaires pour créer les œuvres durables. Il avait une instruction théorique bien supérieure à celle de la plupart des autres maîtres de forges de cette époque; né et élevé dans les forges, il possédait à fond la pratique du métier; des années d'épreuves, souvent difficiles à traverser pendant les longues guerres de la République et de l'Empire, lorsqu'il travaillait pour son propre compte, lui avaient fait acquérir l'expérience des hommes et des affaires commerciales; sa valeur démontrée lui avait concilié la confiance et l'affection (1) d'un homme éminent, M. Louis Boigues, qui mettait à sa disposition les capitaux nécessaires. Il avait

---

(1) Nous en avons la preuve dans bien des lettres de la volumineuse correspondance de M. Louis Boigues avec Georges et Achille Dufaud.

enfin un collaborateur rare, dans la personne de son fils, Achille Dufaud, qui, né le 9 octobre 1796, n'avait pas vingt ans de moins que lui et qui, doué d'une intelligence supérieure, d'un jugement très sûr et d'une capacité de travail extraordinaire, lui permettait d'avoir la tranquillité d'esprit nécessaire pour suivre les détails d'une création importante pendant que les usines et les affaires continuaient à marcher.

Ce fut dans ces conditions que G. Dufaud, associé à M. Louis Boigues, qui avait déjà concouru par sa haute intelligence et ses puissants capitaux à doter la Nièvre des usines d'Imphy, jetait sur une plage alors déserte des bords de la Loire les fondements du grand établissement de Fourchambault qui, dès son origine, s'est placé à la tête de la métallurgie du fer et qui, marchant de progrès en progrès, s'est constamment maintenu au premier rang.

En 1822, G. Dufaud, au moment d'entreprendre la construction définitive de l'usine de Fourchambault, fit un second voyage en Angleterre (1) où il demeura du 22 mai au 16 juillet. L'une de ses filles avait épousé G. Crawshay, fils d'un des plus importants maîtres de forges du pays de Galles. Il eut donc toutes facilités pour prendre des notes précises

---

(1) Pendant une partie de ce voyage, il eut pour compagnons MM. Brière d'Azy et son gendre qui fut plus tard le comte Benoist d'Azy, propriétaires et maîtres de forges dans la Nièvre, qui ont joué le rôle important que l'on sait, dans le développement de la prospérité agricole et industrielle de notre pays.

sur les installations et l'agencement du travail dans les principales usines de Londres et ses environs, du Staffordshire et du pays de Galles. Il y commanda plusieurs machines et outils pour l'usine en construction à Fourchambault ; il réétudia toutes les parties du travail des forges à la houille, tel qu'il existait alors, et aussi avec un soin tout particulier la fabrication des câbles-chaînes pour la marine qui semble avoir été pour lui, sans doute à cause des travaux dont il avait été témoin à Guérigny dans son enfance, une fabrication de prédilection. Son journal de voyage nous permet de juger combien cette tournée dût être profitable à l'agencement de l'usine qu'il construisait.

Les constructions de Fourchambault avaient été commencées le 1er avril 1821 et le 15 octobre 1822 la première machine était en mouvement : la fabrication était devenue vraiment courante en janvier 1823 ; la circulaire commerciale qui annonçait la mise en activité des nouvelles forges porte la date du 5 février 1823 (*Annexe G*).

Vers ce temps et depuis lors, il s'est élevé en France plusieurs établissements métallurgiques fort importants, construits ou dirigés par des hommes d'un mérite véritable ; mais les titres de Georges Dufaud à la reconnaissance de la métallurgie française, c'est d'avoir, par le privilège des intelligences d'élite, découvert l'affinage du fer au moyen de la houille, de telle sorte que, même sans l'exemple de l'Angleterre, cette source de richesse serait restée assurée par lui à son pays : — c'est, de plus, lorsque les procédés anglais ont été connus, de les avoir, le premier, appliqués en France, sans autre secours que celui des ouvriers nationaux, de son intelligence personnelle et de sa volonté persistante.

G. Dufaud présida au développement des usines de Fourchambault comme ingénieur-constructeur jusqu'à la mort de M. Louis Boigues (20 novembre 1838).

La perte de cet homme éminent amena une réorganisation de l'affaire. M. Achille Dufaud, fils de Georges Dufaud, devint directeur de tous les établissements. Son père resta attaché à la Société comme ingénieur-conseil, devant diriger tous les travaux de création que l'on se déciderait à exécuter. (Traité des 13 et 14 janvier 1839 entre les héritiers de M. Louis Boigues et MM. Dufaud père et fils et Saulnier.) — *(Voir annexe H.)*

Les soins incessants que réclamaient de lui les travaux considérables et les grands intérêts particuliers dans lesquels il était engagé ne l'empêchèrent pas de donner aussi son temps aux intérêts publics. Le 23 août 1819, puis le 8 juillet 1825, il fut nommé membre du Conseil général des Manufactures. Il fut président de la Chambre consultative des Arts et Manufactures de Nevers et délégué de nouveau par elle au Conseil général. Il siégeait parmi les membres du Jury central aux Expositions nationales de

1834, 1839 et 1844. Chargé en 1832 par le Gouvernement d'aller étudier en Angleterre les fabrications de la guerre et de la marine, il s'acquitta de cette mission avec la sagacité, la rectitude d'observations et l'étendue de vues qu'il apportait à toutes choses. Il remit au ministre, le 9 novembre 1832, un rapport substantiel rempli de renseignements précieux sur la confection et la réception des câbles-chaînes, des ancres, des canons et des affûts en fonte de fer, et sur le système adopté par l'amirauté anglaise pour l'adjudication des fournitures de la Marine.

C'est à la suite de ce rapport qu'il fut promu au grade d'officier de la Légion d'honneur (7 mai 1833).

Dans le conseil de préfecture de la Nièvre, dont il fut membre pendant treize ans (1835-1848), il rendit à l'administration des services par ses lumières spéciales, son jugement droit, sa ponctualité dans l'expédition des affaires et se concilia l'estime et l'affection des administrés par son esprit d'équité, l'affabilité de ses manières et cette aménité bienveillante qui faisait le fonds de son caractère.

Il se retira en mars 1848, accompagné des sympathies et du respect de ses concitoyens. De ce moment il consacra ses soins à la gestion des intérêts de sa commune (Marzy) dont il devint maire et dont il était déjà le bienfaiteur. L'exemple de ses vertus privées, de sa piété sincère le faisaient respecter autant que ses œuvres de bienfaisance le faisaient chérir.

Ce fut un magnifique et bien touchant spectacle lorsqu'après cinquante années de mariage on le vit se prosterner au pied des autels entouré de quarante-trois enfants, petits-enfants et arrière-petits-enfants en tête desquels se trouvaient son fils Achille Dufaud, directeur des établissements de Fourchambault, et ses gendres : Emile Martin, comme lui ancien élève de l'Ecole polytechnique, fondateur de la fonderie et des ateliers de construction de Fourchambault, ingénieur célèbre dont la carrière mérite une notice spéciale qu'il appartient à un autre que moi de rédiger, et Georges Crawshay, maître de forges en Angleterre, porteur d'un nom considérable dans la métallurgie de son pays.

Quatre ans seulement après sa retraite, le 20 juillet 1852, Georges Dufaud mourait dans sa soixante-quinzième année après les souffrances d'une longue maladie qu'il supporta avec une constance et une sérénité à toute épreuve.

Ce fut un jour de deuil et de consternation pour la population au milieu de laquelle il avait vécu. Tout ce que la contrée renfermait de notabilités industrielles et autres voulut assister à ses obsèques et se mêla à la masse des ouvriers de Fourchambault, de toutes les usines de la Société et de Guérigny même, réunis dans un même sentiment de douleur et d'affection pour celui qui les avait dotés de si riches instruments de travail et était resté pendant toute sa vie leur meilleur conseil et leur ami.

Annexe A.

EXTRAIT d'un mémoire rédigé par Georges Dufaud, en 1808, *sur les établissements de Cosne et de Guérigny, leurs fabrications, et principalement celle des ancres.*

Ce fut en 1733 que M. de La Chaussade fit l'acquisition des forges de Cosne, où déjà on avait exécuté des ancres en employant l'eau comme moteur; mais cette fabrication était alors bien loin de la perfection à laquelle ce célèbre maître de forges la porta depuis.

En 1745, il établit deux nouvelles fabriques d'ancres dans ses forges de Guérigny et de Villemenant situées sur le cours de la Nièvre. Ces nouveaux établissements le mirent à même de fournir à tous les besoins de la marine en ce genre, et comme il fut démontré que sa fabrication était infiniment supérieure à celles des ports, on renonça avec raison aux ancres fabriquées à bras, pour ne plus employer que celles de M. de La Chaussade......

Il fallait, pour exécuter une ancre dans un port, tirer le fer et le combustible de fort loin, et la main-d'œuvre était énorme. M. de La Chaussade, au contraire, s'établit au milieu des forges, près de la Loire, dont la navigation lui offrait des moyens faciles de transport, soit pour le charbon de terre, qu'il tirait de Saint-Rambert, soit pour ses marchandises fabriquées pour les ports; — et il remplaça très avantageusement par un marteau de cinq cents kilog. que l'eau faisait mouvoir, la grande quantité de marteaux, distribués à des ouvriers, dont les efforts multipliés ne pouvaient être mis en comparaison avec la puissante percussion de ce nouvel agent.....

Ces deux raisons très majeures, solidité et économie, suffirent donc pour déterminer le Ministre de la Marine à n'approvisionner d'ancres les vaisseaux de Sa Majesté que dans les établissements de M. de La Chaussade.

Lorsque les fabrications d'ancres eurent totalement cessé dans les ports, le gouvernement sentit combien il lui était important d'acquérir les établissements de Cosne et de Guérigny, qu'on ne pouvait, sans le plus grand inconvénient, laisser dans les mains d'un particulier, qui, pouvant les détruire à volonté, aurait privé par là la marine d'une ressource sur laquelle elle comptait exclusivement...

En 1781 se conclut le traité d'acquisition entre Sa Majesté et M. de La Chaussade, et ces usines furent mises sous l'administration du Ministre des Finances. Maintenant elles sont dans les attributions du Ministre de la Marine, ce qui est préférable, puisque tout ce qui s'y fabrique est pour le service de ce département....

Guérigny est le chef-lieu de l'administration; c'est le lieu de la résidence du directeur.

Annexe B.

Extrait d'un mémoire rédigé par Georges Dufaud,
en 1808.

Une fabrication très importante pour la guerre c'est sans doute celle des lames à canons de fusils. Ces lames se forgent ordinairement sous des marteaux. Le peu d'exactitude dans les dimensions, défaut qui provient de la difficulté qu'éprouvent les ouvriers à obtenir, sous un marteau dont ils ne sont pas toujours maîtres, des épaisseurs et des largeurs proportionnelles, occasionne souvent beaucoup de rebuts. On éviterait facilement ces inconvénients très graves en les confectionnant sous le laminoir. Je vais ici non donner une opinion vague, mais citer un fait authentique :

Un seul maître de forges a fabriqué en France des lames de canon au laminoir, et ce maître de forges était mon père. Le peu de publicité qu'il a donné à son procédé est sans doute la seule cause qui a empêché de l'imiter.

En 1793, les besoins du gouvernement en armes à feu obligèrent le Comité de Salut public à faire fabriquer dans plusieurs départements des lames à canons. Celui de la Nièvre fut un des départements désignés, et les forges de Beaumont-la-Ferrière, exploitées par mon père, en fournirent une forte quantité.

La lenteur de cette fabrication au marteau, les déchets considérables, enfin les rebuts inévitables, que devait occasionner le peu d'habitude de ses ouvriers dans ce genre de travail, lui donnèrent l'idée de faire canneler un cylindre, de manière à ce que sa révolution fît, à quelques lignes près, la longueur de la lame à canon, et que cette cannelure eût en largeur et profondeur toutes les proportions de cette lame, même les chanfreins. Il appliqua ce cylindre ainsi préparé sur un autre à surface unie et du même diamètre; il eut soin de déterminer la forme de la barre ou maquette, qui devait en passant sous ces deux cylindres former la lame; la fabrication en fut surveillée aux forges. Il fit chauffer ces maquettes dans un four à réverbère, et dès les premiers moments de la fabrication, il obtint une telle perfection dans le travail, que sur mille barres à peine une seule était dans le cas d'être rebutée. Le déchet ne dépassa pas 4 p. 0/0, et au lieu de 500 livres pesants qui se fabriquaient au plus par jour au martinet, cette fabrication fut portée à 10 milliers par 24 heures. Il croyait avoir vaincu toutes les difficultés et se félicitait d'avoir imaginé un travail qui pouvait devenir très important pour son pays, lorsque la jalousie de ses confrères, qui ne pouvaient l'imiter faute d'établissements convenables, vint l'entraver au milieu de si heureux succès.

On mit en avant que le fer, acquérant du nerf au laminoir, devait se déchirer par le choc de la détonation de la poudre, que le fer laminé se soudait mal, etc. A ces objections mon père ne voulut répondre que par des faits : il sollicita des commissaires, il les obtint; un canonnier les accompagna sur les lieux, souda en leur présence plusieurs canons, dont pas un seul ne manqua; — il ne fut arrêté qu'attendu qu'on ne pouvait, faute des outils et machines nécessaires, achever ces canons sur les lieux ; — l'épreuve pour constater la résistance du fer devait être faite à Paris. Toutes ces expériences, qui réussirent parfaitement, entraînèrent des délais ; et enfin, les besoins du gouvernement en ce genre étant satisfaits, la querelle fut terminée et cette manière de fabriquer tomba dans l'oubli.

M. Boutet, entrepreneur de la superbe manufacture de Versailles, possède encore (1808) de ces lames, qu'il n'emploie, d'après ce que m'a dit son fils, qu'à la fabrication des fusils de prix : on ne peut rien dire de plus en faveur de cette méthode dont les avantages sont énormes.

Je trouve comme note, dans le même mémoire (de 1808), les lignes suivantes qu'il me paraît intéressant de transcrire, parce qu'elles font voir exactement le point où l'on était arrivé en France, à ce moment, quant au travail du fer. Le marteau jusque là était seul employé pour le soudage et le corroyage. — L'expérience faite par G. Dufaud, et qu'il relate comme on va le voir, a été certainement méditée et mise à profit par lui dans ses travaux ultérieurs :

« M. Bert, directeur des forges et fonderies de la
» marine du royaume d'Italie, me pria de faire une
» expérience très intéressante à la fenderie de Cosne,
» après m'être muni de l'autorisation de M. Barbé,
» commandant d'artillerie de marine, directeur en
» chef des établissements de Cosne et Guérigny.
» Cette expérience consistait à souder, par la sim-

» ple pression des cylindres, deux morceaux de fer
» assez chauffés pour cela. Pour me conformer à
» ses désirs, je pris deux barres de fer de 35 lignes
» de large sur 8 lignes d'épaisseur et d'environ
» 18 pouces de longueur. Je les fis chauffer dans un
» des feux de la petite forge qui est dans le même
» emplacement que la fenderie. Lorsque je m'a-
» perçus qu'ils étaient arrivés à un état suffisant
» d'incandescence, je les fis superposer dans le
» sens de leur largeur et présenter ainsi sous les
» cylindres. En sortant des cylindres, ces deux
» barres n'en formaient plus qu'une, tellement
» bien soudée, qu'il me fut impossible, à l'aide
» même du marteau de la petite forge, de les sépa-
» rer dans aucune de leurs parties. Combien d'ap-
» plications ne pourrait-on pas donner à cette
» intéressante expérience qui appartient toute à
» M. Bert. »

A cette époque (1808) on n'avait donc pas songé à souder le fer ni à le corroyer et le profiler par passes successives dans les cannelures d'un laminoir.

Annexe C.

LETTRE du 23 décembre 1808, adressée à M. Georges Dufaud fils, maître de forges à Nevers, par le ministre de l'intérieur, comte de l'Empire :

Je vous adresse l'extrait vous concernant d'un décret impérial, rendu au camp d'Aranda de Duero le 26 novembre 1808, qui déclare définitivement brevetés les particuliers auxquels j'ai fait délivrer pendant le troisième trimestre de la présente année des certificats de leurs demandes de brevets d'invention et qui ordonne que leurs noms ainsi que la spécification de leurs découvertes seront proclamés par la voie du *Bulletin des lois*.

Je vous invite à m'accuser la réception de l'extrait ci-joint qui fait du titre provisoire que je vous ai délivré un titre définitif.

J'ai l'honneur de vous saluer.

Signé : CRETET.

Brevet d'invention établi par la loi du 7 janvier 1791.

CERTIFICAT de demande d'un brevet d'invention délivré en vertu de l'arrêté des consuls du 5 vendémiaire, an IX, au sieur Georges Dufaud fils, domicilié à Nevers, département de la Nièvre.

« Le Ministre de l'intérieur,

» Vue la pétition sans date présentée par le sieur Georges Dufaud fils, maître de forges à Nevers, par laquelle il expose qu'il désire jouir du droit de propriété assuré par la loi du 7 janvier 1791, aux auteurs des découvertes et inventions en tout genre d'industrie, et en conséquence obtenir un brevet d'invention de quinze années pour des procédés propres à la fabrication du fer par le seul secours du calorique, sans le contact du combustible, procédé dont il déclare être l'auteur, ainsi qu'il résulte du procès-verbal du dépôt de pièces dressé au secrétariat de la préfecture du département de la Nièvre, le 1er août 1808 ;

» Vu le mémoire descriptif, sa teneur et une planche de dessin dont ci-jointe la copie :

» Depuis longtemps je m'étais assuré que le calo-
» rique était seul nécessaire pour faire passer la
» fonte à l'état de fer malléable, que le contact du
» charbon était d'autant moins nécessaire, que la
» fonte en était toujours plus que saturée; que celle
» qui l'était le moins (la fonte blanche) était aussi
» celle qui passait le plus rapidement à l'état de fer
» malléable, et que cette fonte était alors impropre
» à la fabrication de l'acier, à moins qu'elle ne fût
» devenue blanche par un refroidissement subit
» (distinction bien importante à faire dans les fontes
» blanches, dont il y a plusieurs espèces): car si
» on fait fondre de nouveau de la fonte devenue
» blanche par un refroidissement subit, et qu'on la
» fasse refroidir lentement, elle redevient grise, ce
» qui prouve que le carbone n'est en parfaite disso-
» lution dans la fonte qu'à l'état liquide, et que
» dans le refroidissement tout le carbone se sépare
» des mollécules métalliques, ce qui donne une
» couleur grise ou noire à la fonte, suivant que ce
» carbone est plus ou moins abondant; j'en
» conclus que plus la fonte est intimement unie au
» carbone, et moins elle en contient (la fonte
» blanche), plus elle est rapprochée de l'état de
» fer malléable.

» Voilà le principe dont je suis parti, et qui m'a
» conduit directement au procédé que je vais décrire
» pour fabriquer le fer par le seul secours du calo-
» rique et avec une économie considérable. Il m'en
» a coûté bien des essais, j'ai éprouvé bien du
» dégoût par la routine presque invincible des ou-
» vriers; j'ai enfin été obligé de travailler moi-

» même, et le plus heureux succès a couronné mon
» entreprise; mes ouvriers, d'abord incrédules,
» ont adopté avec joie un procédé qui leur évite
» beaucoup de fatigues et leur rapporte davantage,
» par une fabrication plus considérable.

» Cette opération se divise en deux parties : le
» mazage et la fabrication du fer.

PREMIÈRE OPÉRATION. — MAZAGE

» J'entends par mazage une première fusion de
» la fonte pour lui enlever une grande partie de son
» carbone, unir intimement ce qui en reste au
» métal, et la rapprocher par conséquent le plus
» possible de l'état de fer malléable..

» Quoique, à la rigueur, on pût faire les deux
» opérations dans le reverbère dont je joins ici le
» plan, il est cependant mieux d'en avoir un pour
» chacune. Alors le reverbère de mazage aura,
» depuis la porte G, fig. 1, jusqu'à la grille, huit pieds
» de long et trois pieds de large. Au lieu de la
» porte A, fig. 1, est une lucarne par où s'introduit
» la gueuse, qui doit alors se trouver à deux pouces
» de l'autel, ce qui en facilite considérablement la
» fusion ; un rouleau sur lequel elle pose extérieu-
» rement sert à l'avancer à mesure qu'elle fond,
» mais il faut avoir bien soin d'intercepter l'air
» avec du sable.

» Sur l'autel, près de la gueuse, on place des
» scories concassées qui, en fondant, procurent deux
» avantages très importants : ces scories contien-
» nent toujours en dissolution une grande quantité
» d'oxyde de fer qui, se trouvant en contact avec
» le carbone surabondant de la fonte, passe à l'état

» métallique ; ainsi, la fonte augmente de poids en
» perdant une grande partie de son carbone, ce qui
» accélère l'opération.

» Lorsque par un trou pratiqué à l'ouverture G,
» fig. 2, on s'aperçoit qu'il est arrivé une bonne
» quantité de fonte en fusion, on introduit un cro-
» chet de fer et on agite fortement le bain, ayant
» soin de refroidir fréquemment le crochet ; on
» pousse vigoureusement le feu, et, une demi-heure
» après la totale fusion de la fonte que l'on veut
» mazer, on lâche le métal en fusion sur une place
» garnie de poussière de charbon légèrement
» humecté. L'eau se réduit en vapeur et, cherchant
» un passage à travers la fonte, elle la perce en
» tous sens, et le refroidissement est très prompt.

» Plus cette fonte est blanche et percée, plus elle
» est propre au travail ; on a soin de rompre par
» morceaux cette fonte mazée, pour la deuxième
» opération que je vais décrire. »

DEUXIÈME OPÉRATION. — FABRICATION DU FER

« Les proportions du four à réverbère dont j'ai
» joint le plan à ce mémoire sont très importantes,
» je m'en suis convaincu moi-même ayant été
» obligé deux fois de les changer.

» On prend trois cents livres de fonte mazée : on
» en forme deux masses séparées de 150 livres
» chacune, en morceaux superposés que l'on sau-
» poudre de laitier pilé, et on les place par la porte
» A, fig. 1, sur les briques O, O, O, de manière que
» celle du milieu porte un côté des deux pièces. On
» a soin alors de bien fermer toutes les issues du
» four avec du sable, et on pousse vigoureusement

PLANCHE DU

Fig. 2. — **A** Porte par où s'enfourne la fonte préparée.
B Bassin destiné à recevoir la fonte en fusion et le laitier.
C Trou par lequel on fait évacuer la trop grande quantité de laitier.
D Ouverture pour garnir la grille de houille.
E Grille supportant le combustible de quelque nature qu'il soit.
F Ouverture par laquelle on resserre la pièce.
G Porte servant au travail des pièces et à les tirer du four pour les porter au marteau.
H Sol sur lequel est placé l'ouvrier travaillant la pièce.

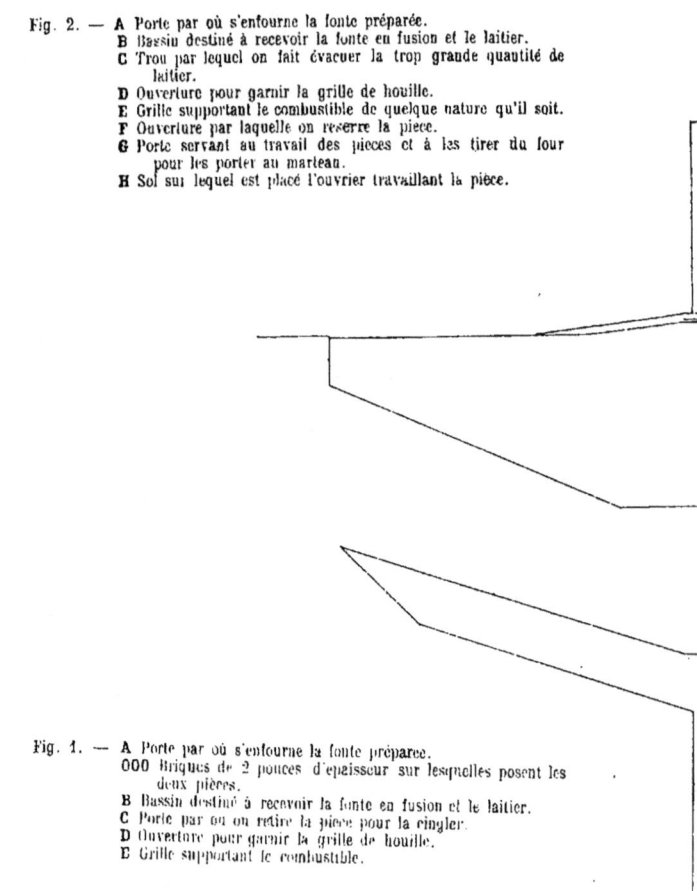

Fig. 1. — **A** Porte par où s'enfourne la fonte préparée.
OOO Briques de 2 pouces d'épaisseur sur lesquelles posent les deux pièces.
B Bassin destiné à recevoir la fonte en fusion et le laitier.
C Porte par où on retire la pièce pour la cingler.
D Ouverture pour garnir la grille de houille.
E Grille supportant le combustible.

VET DE 1808

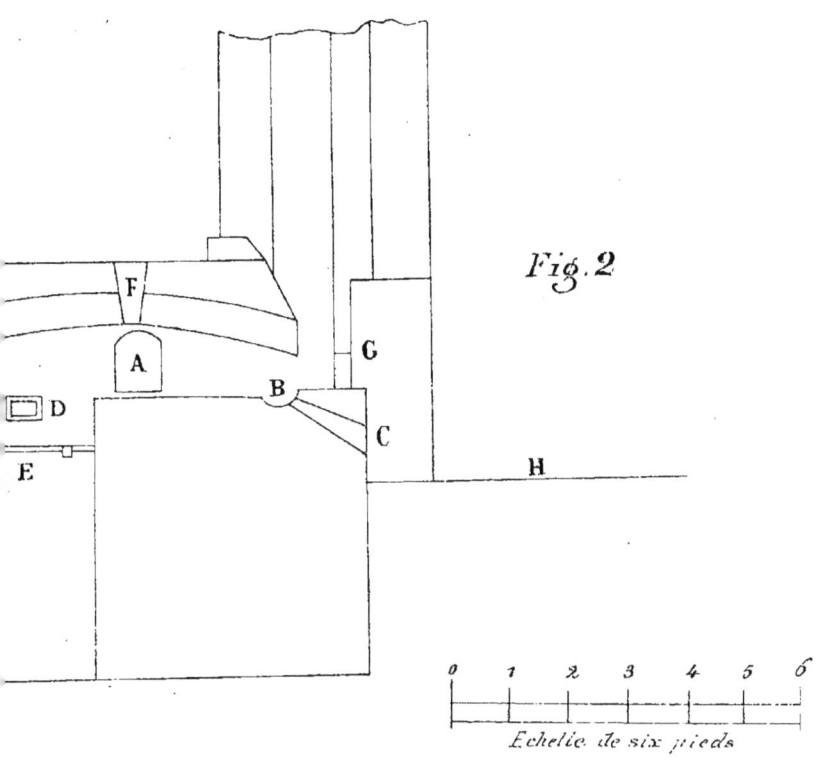

Fig. 2

Echelle de six pieds

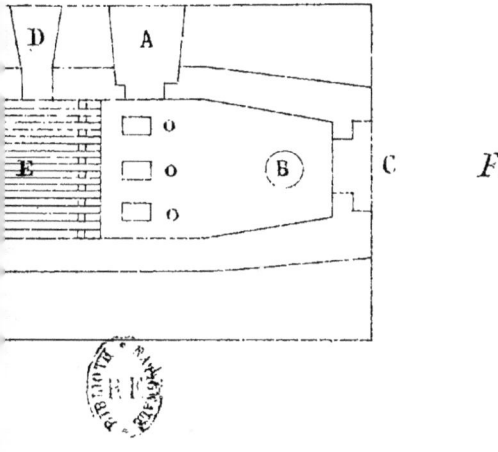

Fig. 1

» le feu (on ne doit jamais enfourner que le
» four ne soit rouge). Au bout d'une heure environ,
» il y a déjà dans le bassin B, fig. 2, une bonne
» quantité de fonte en fusion et très rapprochée
» de l'état de fer malléable. On introduit alors un
» crochet de fer par un trou de quatre pouces en
» carré, pratiqué dans la porte G, fig. 2; on agite en
» tous sens, et si le laitier est surabondant, on
» l'évacue par le trou G.

» Comme il ne coule, au plus, que le tiers de la
» fonte, il reste sur les briques O, O, O, deux pièces
» d'environ 100 livres chacune, qui sont plus tôt
» prêtes à cingler que la fonte contenue dans le bas-
» sin.

» Aussitôt qu'il ne coule plus de fonte, et que
» ces pièces paraissent très blanches, l'ouvrier
» monte sur le four, et introduisant successivement
» par les trous F, fig. 2, pratiqués dans la voûte,
» chacun au-dessus d'une des pièces, un morceau
» de fer dont le bout a deux pouces carrés, il frappe
» sur les pièces pour les resserrer ; on répète deux
» fois cette opération à dix minutes d'intervalle,
» puis on fait descendre une des pièces dans le bas-
» sin, on l'y retourne en tout sens avec un crochet
» de fer introduit par la porte G, puis on la place
» entre le bassin et les briques O, O, O, et après
» un coup de feu de dix minutes environ, on la sort
» du four pour la porter au marteau sous lequel,
» après l'avoir fortement serrée et en avoir fait un
» lingot, on la reporte dans le four, et on arrache
» la seconde à qui on a fait subir le même travail:
» resserrée sous le marteau, on la met également
» dans le four, et on s'occupe de la fonte restée
» dans le bassin, qui doit être passée à l'état de fer

» malléable ; — après l'avoir bien rassemblée, on
» lui fait subir la même opération qu'aux deux
» autres, et on charge de nouveau le four, après ce-
» pendant avoir encrâné les trois pièces, ce qui
» veut dire en forger le milieu dans l'échantillon
» désiré.

» Ces diverses opérations emploient environ trois
» heures. Pendant que les nouvelles pièces chauf-
» fent, et que la fonte entre en fusion, on
» finit d'étirer les premières pièces sous le mar-
» teau, en les chauffant successivement dans le
» four.

» Le fer obtenu de cette manière est de la plus
» belle qualité ; je lui ai fait subir toutes les épreuves
» possibles, il a résisté à toutes.

» Il faut faire bien attention de laisser le moins
» possible les portes du four ouvertes ; il faut alors
» se presser quand on travaille, et avoir soin de
» bien boucher hermétiquement lorsque l'on veut
» donner de bons coups de feu.

» J'ai fait l'ouverture de ma grille pour brûler
» de la houille, parce qu'elle est commune dans ce
» département, mais on peut le chauffer également
» avec du bois en chargeant la grille par une ou-
» verture pratiquée au dessus, dans la voûte ; l'éco-
» nomie est toujours considérable.

» Mon four use, par vingt-quatre heures, environ
» de 14 à 15 hectolitres de houille et produit
» 750 kilog. de fer forgé environ. 700 kil. de fonte
» produisent 500 kil. de fer forgé. La réparation de
» mon four est très peu importante ; il faut une
» journée pour refaire la voûte, et 150 briques
» réfractaires en font les frais.

» J'ai pris pour mon plan les anciennes mesures,
» parce que les ouvriers entendent peu les nou-
» velles.

» Nevers, le 20 juillet 1808.

» *Signé :* Georges Dufaud Fils. »

Voici le texte de la demande de brevet qui accompagnait la spécification qui précède :

Pétition à Son Excellence le Ministre de l'intérieur :

» Monseigneur,

» Depuis très longtemps je m'occupe d'un nou-
» veau procédé pour la fabrication du fer : jusqu'à
» ce jour mes essais avaient été, sinon infructueux,
» du moins d'un si mince avantage que je ne pou-
» vais leur donner suite. Enfin, je viens d'atteindre
» le but que je m'étais proposé. Ce n'est que par
» une théorie certaine, et une longue pratique, que
» j'ai pu réussir.

» C'est à l'école polytechnique, dont j'ai eu l'hon-
» neur d'être élève dès sa fondation, que j'ai puisé
» la théorie, et, maître de forges de père en fils,
» la pratique m'est familière.

» J'ai regardé cette invention, Monseigneur,
» comme ma propriété, et c'est pour me la faire
» garantir par un gouvernement protecteur des
» arts, que j'ai eu l'honneur de déposer au secré-
» tariat de la préfecture mon mémoire et mes plans
» pour être le tout adressé à Votre Excellence.

» Je vous supplie donc, Monseigneur, d'avoir la
» bonté de m'accorder un brevet de quinze années
» consécutives. J'ai déposé, conformément à la loi,
» les sept cent cinquante francs formant la moitié

» du droit de quinze années, et ma soumission de
» payer l'autre dans six mois. »

Quelque temps après, Dufaud se fit recevoir membre de la Société d'encouragement pour l'Industrie nationale, ainsi qu'en fait foi l'extrait suivant du procès-verbal de la séance ordinaire de la dite société en date du mercredi 30 janvier 1811 :

« M. le sénateur Chaptal, président, présente
» M. Dufaud, ancien élève de l'école polytechnique,
» et maître de forges à Nevers, lequel désire devenir
» membre de la Société et a rempli les conditions
» exigées pour cet effet.
» Le conseil d'administration reçoit le dit can-
» didat et le déclare membre de la Société d'encou-
» ragement pour l'Industrie nationale, conformé-
» ment à l'article 2 du titre 1er du règlement.

» Pour extrait conforme :

» *Signé* : Math. MONTMORENCY *(sic)*
» *Secrétaire-Adjoint.* »

Un an plus tard G. Dufaud, qui était alors à Montataire, où il construisait et faisait marcher l'usine qui, après de nombreuses transformations, fonctionne encore aujourd'hui, écrivait la lettre suivante qui fut pour lui un nouveau titre d'honneur :

G. Dufaud, ancien élève de l'Ecole polytechnique, membre de la Société d'encouragement, à M. le comte de Chanteloup (Chaptal), président de cette Société.

« Monsieur le Président,

» D'après les nombreuses expériences auxquel-
» les je me suis livré, avec la plus constante per-

» sévérance, depuis plusieurs années, m'étant con-
» vaincu que le procédé que j'ai établi pour l'affi-
» nage du fer, était non seulement de la plus
» haute importance sous le rapport de l'intérêt
» public, puisque je remplace le bois, dont la rareté
» va toujours croissant, par la houille que la nature
» nous a si libéralement prodiguée; mais encore
» qu'il était le seul qui permît la purification de
» toute espèce de fer; je crois que l'intérêt de nos
» fabriques exige qu'il reçoive la plus grande
» publicité possible.

» Je me suis assuré la propriété de ce procédé
» par le brevet de quinze ans que m'a accordé Sa
» Majesté par son décret du mois de novem-
» bre 1808. Membre de la Société d'encouragement,
» je dois partager ses vues libérales; l'amour de
» mon art et le désir de propager les moyens de le
» perfectionner, tout me fait un devoir de sacrifier
» mon intérêt personnel à l'honneur d'être utile.
» Ayez donc la bonté, Monsieur le Président, de
» recevoir l'hommage que je fais de mon procédé
» à la Société d'encouragement. Je renonce dès
» aujourd'hui aux avantages de mon brevet et à la
» propriété qu'il m'assure : je m'offre de donner
» non seulement toutes les instructions, les détails
» et les dessins qui me seront demandés, mais
» encore de me transporter dans les usines où je
» serai désiré pour l'établissement de ce pro -
» cédé.

» J'ai déjà fourni à des maîtres de forges des
» départements des Landes et de la Moselle des
» instructions, et je me propose, lorsqu'ils auront
» fait les premières dispositions, de m'y rendre
» pour les aider dans ce travail important.

» Il serait d'autant plus facile de monter ce pro-
» cédé pour la purification du fer, qu'il peut facile-
» ment se diviser, de manière à ce que les maîtres
» de forges qui craindraient de changer leur ma-
» nière d'affiner, pourraient seulement mazer la
» fonte dans un réverbère, ainsi que je l'ai décrit,
» et l'employer ainsi mazée dans les feux d'affinerie
» ordinaires. Je me suis convaincu que toute
» espèce de fonte, mazée avec soin par mon pro-
» cédé, donnait de bon fer par l'affinage ordinaire.
» Ces deux opérations n'augmenteraient nullement
» la dépense, et il y aurait économie de charbon
» de bois, économie précieuse pour ce combustible
» dont la rareté se fait de plus en plus sentir.

» La fonte mazée est très rapprochée de l'état de
» fer malléable ; il faudrait donc beaucoup moins
» de temps pour l'affiner dans les foyers ordinaires
» des forges, on brûlerait donc moins de charbon
» de bois, le travail en serait de beaucoup accéléré.

» Je mets d'autant plus à honneur, Monsieur le
» Comte, de faire hommage, dans ce moment, de
» mon procédé à la Société que vous présidez,
» que des maîtres de forges très distingués se sont
» prononcés en faveur de ma méthode et se dis-
» posent à en faire usage. Je citerai entre autres
» M. Aubertot, à qui nous devons une découverte
» extrêmement intéressante sur les moyens de
» tirer un parti avantageux du calorique perdu
» dans les forges. J'ai fourni, sur sa demande, des
» instructions et des dessins à un de ses préposés,
» qui a suivi mon travail.

» Je désire que la Société que vous présidez,
» Monsieur le Comte, accueille favorablement
» l'hommage que je lui fais aujourd'hui ; puisse-

» t-elle voir dans mon offre la preuve de mon zèle
» et le désir que j'ai d'être utile.

» J'ai l'honneur, etc.

» *Signé :* G. Dufaud »

A cette offre, Chaptal fit répondre ce qui suit :

Le Ministre des Manufactures et du Commerce, comte de l'Empire, à Monsieur Dufaud, maître de forges, à Montataire, près Creil-sur-Oise.

« J'ai lu avec intérêt, Monsieur, la lettre que vous
» m'avez écrite le 17 février dernier et dans laquelle
» vous m'annoncez que vous faites hommage au
» gouvernement du brevet d'invention que vous
» avez obtenu pour un moyen d'affiner le fer en
» substituant la houille au charbon de bois.

» En rendant au motif qui vous fait agir toute la
» justice qu'il mérite, je m'empresse de vous ré-
» pondre que j'accepte volontiers votre offre. Veuil-
» lez, en conséquence, Monsieur, rédiger et m'en-
» voyer ensuite une instruction qui indique avec
» exactitude tous les détails de vos opérations.
» Lorsque je l'aurai reçue, je lui donnerai la publi-
» cité dont je la jugerai susceptible....

» Je ne terminerai pas ma lettre sans vous enga-
» ger à rédiger et à m'envoyer un mémoire sur
» l'état actuel des usines à fer de l'Empire, sur les
» procédés qu'on y suit, sur les ressources qu'elles
» présentent, enfin, sur les améliorations dont elles
» seraient susceptibles. Un pareil travail, rédigé
» par un homme aussi éclairé que vous, ne peut
» présenter que de l'intérêt.

» Recevez, etc.

» *Signé :* Le Comte de Chanteloup. »

Ces instructions furent immédiatement rédigées et envoyées, car le 7 avril 1812, Chaptal lui faisait écrire la lettre qui suit :

« Monsieur, je ne puis que donner des éloges à
» l'empressement que vous avez mis à rédiger
» une instruction sur les procédés de votre inven-
» tion pour l'affinage du fer par la houille. Je sais
» que vous avez des connaissances très étendues
» dans l'art de travailler ce métal. »

Nous avons retrouvé ces instructions dans le *Bulletin de la Société d'encouragement*, onzième année, n° XCV, mai 1812; en voici la reproduction :

Bulletin de la Société d'encouragement pour l'industrie nationale. — (Onzième année, n° XCV.) Mai 1812. (Page 112).

INSTRUCTION SUR LA FABRICATION DU FER, EN SUBSTITUANT LA HOUILLE AU CHARBON DE BOIS, PAR M. DUFAUD, MAITRE DE FORGES.

Observations préliminaires.

Depuis longtemps les maîtres de forges, effrayés de l'augmentation rapide du prix des bois destinés à leurs fabrications, ont senti la nécessité de remplacer ce combustible par la houille, que la nature nous fournit avec tant d'abondance, et qu'il est si facile, au moyen des canaux et rivières navigables, d'obtenir presque partout à un prix très modéré.

Des essais nombreux ont été faits ; mais, abandonnés à la routine des ouvriers, ils n'ont jamais réussi ; aussi en avait-on conclu qu'il était impossible d'affiner le fer avec la houille.

L'ouvrier, qui rapporte tout au travail auquel il est habitué, voulut employer ce combustible comme le charbon de bois, et il en résulta un très mauvais fer qu'il est impossible de souder.

On pensa alors qu'il fallait carboniser la houille ; cette opération donna de meilleurs résultats, mais on y renonça encore, parce que le fer était de mauvaise qualité.

Je ne crois cependant pas impossible d'obtenir de bon fer par ce moyen. Mon intention est de répéter à cet égard des expériences qui, déjà, m'ont assez bien réussi.

D'après ces divers essais, on se borna dans quelques usines à affiner le fer au charbon de bois et à chauffer ensuite les massiots dans des foyers de forges alimentés par la houille. Le fer, dans cet état, présentant une masse dont la surface seulement est en contact avec le combustible, ne peut être altéré, et conserve alors la qualité qu'il a acquise dans l'affinage au charbon de bois.

D'après ce que je viens d'exposer, je devais donc naturellement penser que le seul moyen d'employer la houille dans l'affinage du fer était d'éviter son contact avec la fonte.

Le calorique suffit pour faire passer la fonte à l'état de fer ; ainsi ce que l'on se propose dans l'affinage, c'est de brûler tout le charbon avec lequel la fonte est combinée et d'en séparer les bases terreuses qu'elle peut contenir. Les molécules métalliques n'étant plus séparées par aucun corps étranger, sont facilement réunies dans le creuset ; et pressées ensuite par le marteau, elles forment un corps solide auquel on donne les différentes proportions que les besoins exigent.

Le four à reverbère pouvait seul me fournir les moyens d'élever la fonte à une haute température, en évitant le contact du combustible. Les Anglais emploient, dit-on, depuis longtemps un procédé analogue au mien ; je l'ignorais lorsqu'il y a six ans je commençai à établir mon travail sur ce système ; car, si j'avais eu quelques données à cet égard, j'aurais évité bien des peines et des dépenses que m'occasionnèrent nécessairement mes premiers essais.

J'ai lu depuis quelques mémoires sur les procédés usités en Angleterre pour la fabrication du fer ; mais, faute d'explications suffisantes, je n'ai pu en retirer aucun fruit. J'ai même appris que quelques maîtres de forges qui, d'après ces données, avaient voulu établir ces procédés dans leurs usines, les avaient abandonnés par suite des mauvais résultats qu'ils avaient obtenus. C'est ainsi que trop souvent, par l'effet de fausses et insuffisantes indications, ou d'une mauvaise direction dans le travail, on voit les meilleures méthodes n'avoir aucun succès et rejetées comme impraticables.

Dans l'exécution d'un procédé d'art quelconque, on ne saurait être trop minutieux ; car, souvent du moindre détail dépend tout le succès d'une opération.

Il faut une grande persévérance pour chercher la cause des accidents qu'on éprouve, et trouver les moyens de les éviter. Combien de dégoûts et de contrariétés n'ai-je pas eu à essuyer ! de difficultés à vaincre ! J'ai tout surmonté, parce que j'avais la ferme résolution de pousser mes expériences à bout.

Je vais entrer dans tous les détails de mes opérations. Puissent mes travaux être utiles à mon pays ! j'aurai atteint le but que je me suis proposé.

De la construction des Fours.

Un ou deux fours à reverbère composent l'appareil nécessaire à mon procédé ; l'un sert seulement à l'affinage du fer et l'autre à chauffer les fers affinés. Les maîtres de forge qui ne voudraient construire qu'un four d'affinage pourraient chauffer leurs massiots affinés dans une chaufferie ordinaire, alimentée avec de la houille ; et je pense que ce dernier moyen serait le seul convenable pour les forges qui n'ont qu'un marteau pour étirer les massiots, car cet agent pouvant suffire à forger tout le fer qui serait chauffé dans ces fours, il y aurait alors nécessairement perte de combustible, de temps et de matière, si le fer restait longtemps exposé à la flamme du reverbère.

Un four de chaufferie ne convient que pour un laminoir dont l'action est au moins décuple de celle du marteau.

La construction des fours demande le plus grand soin, car de là dépend en grande partie le succès de l'opération.

Fours d'affinage.

Le four d'affinage doit avoir en totalité 2 mètres 761 millimètres (8 pieds 6 pouces) de longueur dans œuvre ; savoir : 0^m 812 millimètres (2 pieds 6 pouces) pour l'emplacement de la grille de la chauffe et 1 mètre 949 millimètres (6 pieds) pour la sole ; sa largeur doit être de 0^m 975 millimètres (3 pieds) sur l'autel, c'est-à-dire à la partie la plus proche de la chauffe, et de 0^m 812 millimètres (2 pieds 6 pouces) à l'extrémité de la sole, sur le devant. La voûte est surbaissée de l'autel au-devant du four ; elle est élevée de 0^m 487 millimètres (18 pouces) au-dessus de l'autel, et seulement de 0^m 379 millimètres (1 pied 2 pouces) au-dessus de la sole, sur le devant.

La flamme, au lieu de s'échapper comme dans les fours à reverbère ordinaires, par une ouverture qui règne sur toute la largeur du four, et qui est formée par l'extrémité de la voûte et le poitrail du four, est forcée de prendre issue par deux ouvertures latérales dont la hauteur est égale à la distance de la voûte à la sole, et la largeur est de 0^m 271 millimètres (10 pouces.) Ces deux ouvertures peuvent être fermées à volonté par deux coulisses en fonte. La flamme ainsi dirigée passe entre le dessus de la voûte du four et une seconde voûte qui la conduit à la cheminée, construite sur le derrière de la chauffe et dont la hauteur est au moins de 11 mètres 694 millimètres (36 pieds).

Par ce moyen, il ne peut y avoir par la voûte aucune déperdition de calorique, et on peut se servir de cette espèce de second four pour divers usages. Depuis longtemps on emploie de semblables fours dans plusieurs manufactures pour la fabrication de la litharge et du minium.

La concentration du calorique étant très importante, on doit donner aux murs latéraux au moins 0^m 975 millimètres (3 pieds) d'épaisseur, et ils doivent être construits en briques bien cuites. On

DESCRIPTION DU "FOURNE

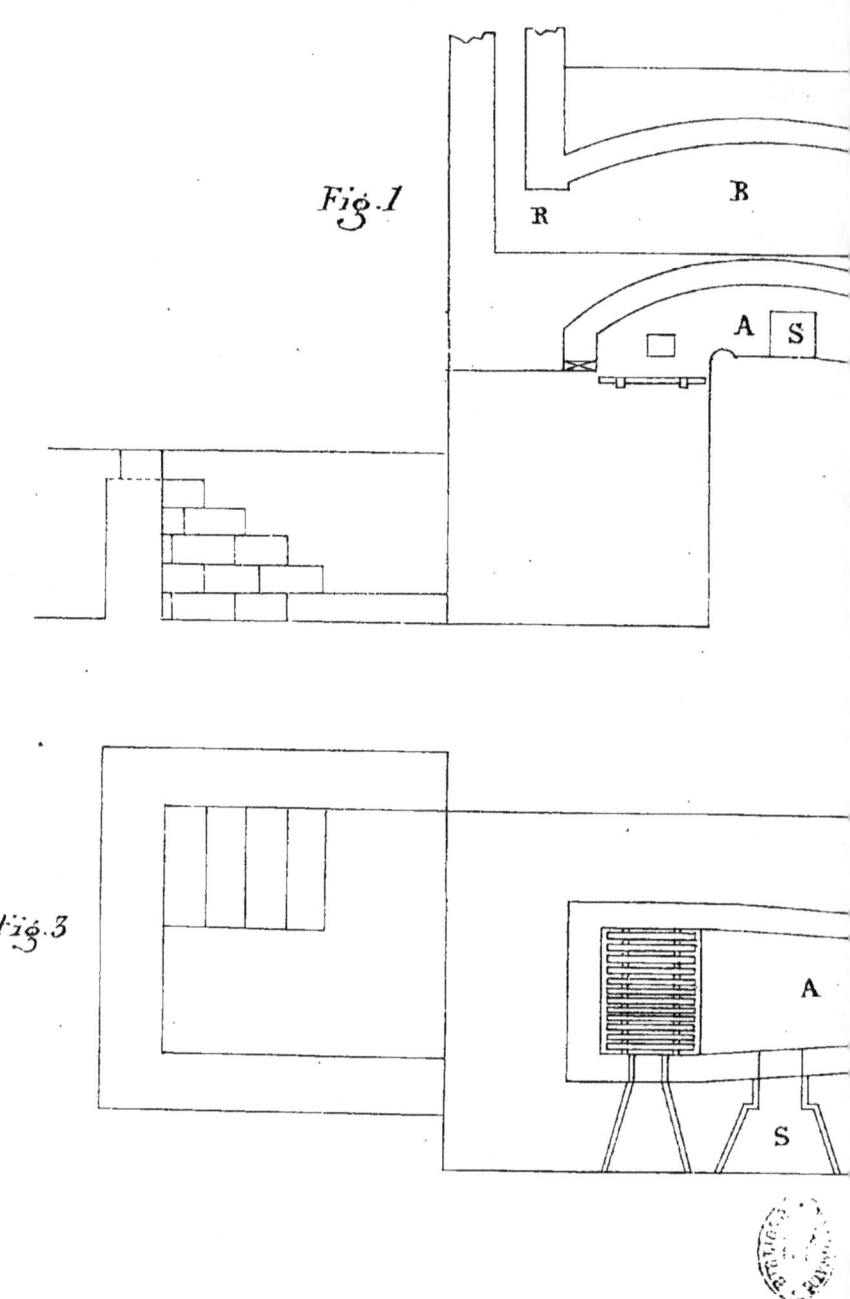

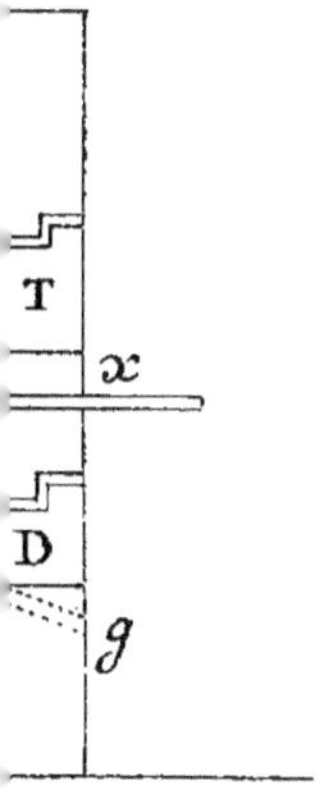

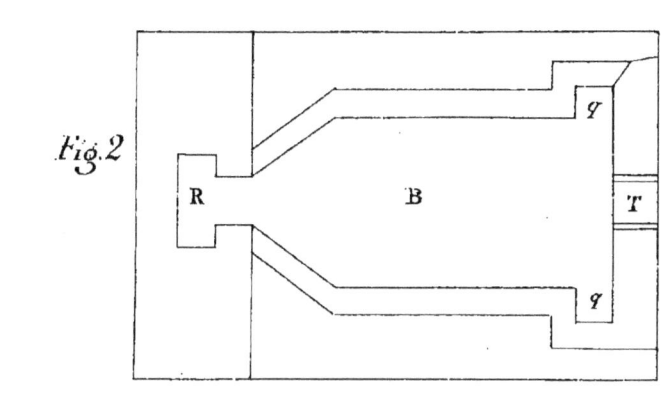

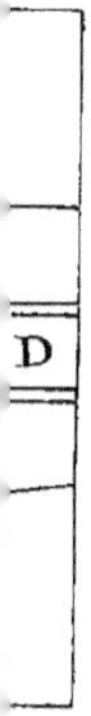

LÉGENDE :

Fig. 1. Coupe latérale du Fourneau.
A. Four d'affinerie.
B. Four supérieur, servant de conduit à la flamme de la chauffe du feu d'affinerie.
D. Porte destinée au passage des massiots affinés et à l'introduction des outils pour l'affinage.
qq. Ouvertures latérales substituées au bec ordinaire des reverbères et donnant issue à la flamme de la chauffe.
R. Cheminée de 11 mètres 694 millimètres (36 pieds) d'élévation.
S. Porte servant à donner de l'air pendant l'affinage.
T. Porte du four supérieur par où un ouvrier peut s'introduire pour visiter les voûtes.
x. Coulisse dont on se sert pour modérer le feu de la chauffe.
g. Petite ouverture pratiquée sur le devant du four d'affinage pour donner issue au laitier surabondant.
Fig. 2. Plan du four supérieur.
Fig. 3. Plan du four à reverbère à la hauteur de la grille.

Les mêmes lettres indiquent les mêmes objets dans les trois figures.

peut, pour économiser la brique, si elle est rare, faire l'enveloppe extérieure en pierres de taille, mais qui aient au plus un pied d'épaisseur ; le reste jusqu'à la chemise devant être en briques, ainsi que je viens de le dire.

La chemise intérieure ainsi que la voûte doivent être construites en briques les plus réfractaires. Comme on ne saurait apporter trop de soin dans le choix de ces briques, il est plus convenable de les faire fabriquer sous ses yeux, pour être à portée d'en surveiller la fabrication. On peut consulter à cet égard l'ouvrage de M. le comte Chaptal, intitulé : *Chimie appliquée aux Arts.*

De la Sole.

La partie qui demande le plus grand soin est la construction de la sole ; elle doit être faite de manière à résister le plus possible à l'action de la chaleur et ne permettre aucune infiltration du métal en fusion, ou du laitier, dont la présence est indispensable dans le travail.

Pour éviter toute humidité qui ne pourrait qu'être très nuisible, la sole doit être établie sur une voûte qui règne sur toute sa longueur ; sur cette voûte on forme un massif en briques, posées alternativement de champ et à plat ; ce massif a environ 0^m 487 millimètres (1 pied 6 pouces) d'épaisseur ; les deux derniers rangs doivent être en briques réfractaires ; le dernier se fait avec des briques seulement séchées sans être cuites ; on les réunit avec une liaison faite avec la même composition qui a servi à la fabrication de la brique. On recouvre ce dernier rang de $0^m 081$ millimètres

(3 pouces) environ de bonne argile, légèrement humectée et mélangée d'un tiers de ciment tamisé, et provenant de briques réfractaires. On presse fortement cette couche d'argile, et on a soin d'en relever les bords près les côtés du four, en arrondissant les angles.

L'inclinaison de la sole, à partir de $0^m 650$ millimètres (2 pieds) de l'autel jusqu'à son extrémité, est de $0^m 108$ millimètres (4 pouces) sur le devant du four ; et à $0^m 054$ millimètres (2 pouces) environ au-dessous de la sole est pratiquée une petite ouverture pour donner écoulement au laitier surabondant.

La sole ainsi disposée, on la sèche doucement en faisant un peu de feu sur la grille de la chauffe, au bout d'une heure et demie on laisse éteindre le feu et lorsque le four est refroidi l'ouvrier visite la sole ; s'il aperçoit quelques gerçures, ce qui arrive presque toujours, il passe dessus à plusieurs reprises un gros tampon trempé dans de l'argile très claire. Cette opération s'appelle *relaver*.

Ce four n'a que trois ouvertures : 1° celle de la chauffe ; 2° une ouverture latérale de $0^m 406$ millimètres (15 pouces) de hauteur, sur $0^m 352$ millimètres (13 pouces) de largeur. et pratiquée à $0^m 487$ millimètres (18 pouces) de l'autel, sur le même côté que l'ouverture de la chauffe ; enfin une ouverture de $0^m 325$ millimètres (1 pied) carrés, pratiquée sur le devant du four. La première ouverture se bouche avec le charbon même dont on entretient la chauffe, et les deux dernières sont fermées chacune par une porte de fer garnie en briques et roulant sur trois gonds.

Du choix de la houille et de l'affinage.

On doit apporter beaucoup de soins dans le choix du combustible ; car, quoi qu'il soit possible d'affiner le fer avec toute espèce de houille, celle d'une qualité supérieure donne des résultats beaucoup plus prompts et plus satisfaisants.

La houille qu'on doit employer de préférence est celle qui présente dans sa cassure un grain brillant, donne, lors de la combustion, une flamme vive et blanche, et fournit après la combustion le moins de résidu.

Celles des mines d'Anzin, des fosses Saint-Joseph, du Verger, des Marais et du Chauffour sont excellentes pour cette opération ; c'est la seule qui soit employée dans l'établissement de Montataire, près Creil, où l'affinage du fer par la houille est monté très en grand. Ces charbons sont fournis par M. Scipion Perrier, l'un des propriétaires des fosses dont il vient d'être parlé.

Le four étant disposé ainsi que je l'ai dit dans le précédent chapitre, on garnit la chauffe de houille et on y met le feu. Au bout de deux heures environ, et lorsque le four est élevé à une température telle que l'intérieur paraisse blanc à l'œil, on ouvre la porte pratiquée dans le poitrail et, au moyen d'une forte palette de fer, on place dans le four, le plus près possible de l'autel, 150 à 200 kilogrammes de fonte (1).

---

(1) La fonte doit être, autant que possible, en plaques minces ; cependant, on l'affine de même quand elle est en bloc ; mais, j'ai remarqué que l'opération était toujours plus longue, et, par conséquent, moins avantageuse. Je préfère même lui faire subir avant l'affinage une première fusion pour la réduire en plaques.

On ferme alors les coulisses à moitié, afin que la fonte chauffe d'abord lentement; dès qu'on s'aperçoit qu'elle est rouge, on les ouvre un peu plus, et enfin on les ouvre tout à fait lorsqu'elle commence à fondre.

Environ cinq minutes après que la fonte est entièrement descendue dans le creuset, on ferme les coulisses aux deux tiers, on ouvre la porte du devant, on donne même un peu d'air par la porte latérale, et deux ouvriers armés d'un fort râble de fer brassent vigoureusement la fonte.

Pendant cette première opération, on aperçoit de petites flammes bleues s'élever du bain. Le laitier qui couvre le métal en fusion se boursoufle pour leur donner passage; ce signe annonce que bientôt la matière prendra consistance pour passer à l'état de fer. Effectivement, peu d'instants après, des points brillants qui se montrent au milieu de la masse annoncent le départ du charbon et l'isolement du fer; c'est alors que les ouvriers redoublent d'activité en soulevant continuellement la matière qui est à l'état pâteux.

Lorsqu'on n'aperçoit plus la couleur terne que conserve toujours la fonte, et qu'un œil exercé reconnaît facilement, les ouvriers poussent le fer sur l'autel à l'aide de leur râble, le réunissent en une seule masse, ferment les portes du four, ouvrent les coulisses entièrement et donnent un grand coup de feu pour que le laitier se sépare du fer et descende dans le creuset (1).

---

(1) Il arrive quelquefois que la fonte, étant trop chargée de charbon, est très longue à être affinée. Comme, en prolongeant l'opération, on augmenterait nécessairement le déchet, on évite cet inconvénient en étant dans le bain quelques kilogrammes de menue ferraille.

Aussitôt que la séparation du fer et du laitier est opérée, on ferme de nouveau les coulisses à moitié, on ouvre la porte du devant du four et, à l'aide de ringards, les ouvriers séparent la masse de fer qui est sur l'autel en autant de pièces qu'on le désire ; ils les rangent sur l'autel et sur les côtés du four ; ils les retournent et les frappent fortement, pour les serrer, avec un ringard qui porte une forte tête à son extrémité.

On ferme encore le four, on donne un violent coup de feu et, lorsque les pièces qui sont sur l'autel paraissent blanches, les ouvriers chargés de la conduite du four tirent sur le devant, à l'aide d'un crochet, la pièce la plus près de l'autel, la baignent dans le laitier (1) qui remplit le creuset et la livrent ainsi au forgeron chargé de la porter sous le marteau. On suit la même marche pour les autres pièces qui restent dans le four, et qui toutes sont successivement livrées au forgeron. Lorsque tout le fer que contient le four a été retiré pour être porté au marteau, on enfourne de nouveau 150 à 200 kilogrammes de fonte, et on suit la même méthode pour l'affiner. Les opérations se succèdent ainsi jour et nuit pendant le cours d'une semaine, à moins qu'il ne survienne quelques dérangements imprévus.

---

(1) Il est absolument nécessaire de baigner les pièces dans le laitier, parce que autrement le fer ne pourrait se fondre ; et en voici la raison : l'oxygène qui s'introduit dans le four par la chauffe se combine avec le fer, et il se forme alors de l'oxyde dans les crevasses des pièces ; si on les portait ainsi au marteau, l'interposition de cet oxyde empêcherait nécessairement la réunion des molécules ; en baignant, au contraire, ces pièces dans le laitier, cet oxyde, suivant la loi de tous les oxydes métalliques, se met en dissolution dans cette matière vitrifiée et laisse le fer à nu.

Là se borne le procédé pour l'affinage du fer. L'étirage des massiots se fait au marteau ou au laminoir.

Dans le premier cas, les massiots sont chauffés à des feux de forge ordinaires, alimentés avec la houille ; on peut aussi employer avec succès pour combustible la houille qui tombe sous la grille à l'état de *coke*, et que les ouvriers appellent *escarbilles* ; il en résulte une grande économie, car on ne tire ordinairement aucun parti de ces escarbilles.

Si, au contraire, on emploie le laminoir pour l'étirage des massiots, on les chauffe dans un four à reverbère disposé comme le premier, mais dont la voûte est un peu plus basse ; la sole est construite avec autant de soin que la première. Lorsque ce four a été mis en feu et qu'il commence à blanchir, on a soin de jeter sur l'autel, par la porte du devant, environ 30 kilogrammes de laitier et de battitures de fer amassées, soit au pied de l'enclume, soit sous le laminoir. Lorsque ces matières, sont fondues, et descendues dans le creuset, on enfourne les massiots à l'aide d'une forte palette de fer ; on les place le plus près possible de l'autel et on les empile de manière que la flamme ait un libre passage entre eux : on jette dessus un peu de battitures de fer et, au moyen d'un râble, on fait jaillir dessus le laitier qui est dans le creuset. On ferme le four avec soin jusqu'à ce que les massiots soient bien rouges ; on tient les coulisses à moitié fermées, on les ouvre alors entièrement, et on pousse fortement le feu : lorsque les ouvriers jugent le fer arrivé à un état d'incandescence suffisant, ils ouvrent la porte de devant et, en commençant par les massiots qui sont les plus près de l'autel, ils les tirent dans le bain de laitier pour les y rouler, et ensuite les porter sous le laminoir où ils sont passés et repassés dans différentes cannelures pour les ébaucher suivant les échantillons désirés.

Ces fers ainsi ébauchés sont mis de côté pour recevoir ensuite, soit sous le laminoir, soit sous les taillants de la fenderie, les proportions demandées.

Le laminoir a un très grand avantage sur le marteau, par la promptitude du travail et la grande économie de matière et de combustible. On pourra facilement en juger par le calcul comparatif que je vais en donner.

Comparaison du nouveau avec l'ancien procédé.

Le four à reverbère d'affinage que j'ai précédemment décrit consomme en vingt-quatre heures 2.500 kilogrammes de houille, et on peut y affiner dans le même temps 2 400 kilogrammes de fonte qui produisent 2.000 kilogrammes de fer en massiots.

Ces massiots, chauffés dans un feu de forge alimenté par la houille, et étirés au marteau, produisent de 16 à 1.700 kilogrammes de fer, suivant les proportions désirées : car, plus le fer est de petite dimension, plus souvent il faut le porter au feu et au marteau et, par conséquent, plus il y a de déchet. La consommation de la houille est de 2 500 kilogrammes.

Ces 2.000 kilogrammes de massiots chauffés, au contraire, dans le four de chaufferie et étirés au laminoir, produisent 1.800 kilogrammes de fer, et n'exigent, pour leur entière confection en fer marchand, que 1.000 kilogrammes de houille au plus.

On voit déjà une très grande différence entre le travail du marteau et celui du laminoir.

Pour affiner 2.400 kilogrammes de fonte et la convertir en barres de fer marchand sous le marteau, on emploie en tout, ainsi qu'il vient d'être détaillé . . . . 5.000 kil. houille.

Pour affiner la même quantité de fonte et la convertir en barres sous le laminoir, on emploie, ainsi qu'il vient d'être détaillé . 3.500 »

Bénéfice au profit du laminoir . . . . 1.500 kil. houille.

2.000 kilogrammes de massiots étirés au laminoir produisent, ainsi qu'il vient d'être dit, en fer marchand . . . . 1.800 kil.

La même quantité de massiots étirés au marteau ne produit en fer marchand que 16 à 1.700 kilogrammes, terme moyen . . . . 1.650 »

Bénéfice au profit du laminoir . . . 150 kil.

En évaluant la houille au prix moyen de 26 fr. 40 les 1.000 kilogrammes, et le fer à 600 fr. aussi les 1.000 kilogrammes, on trouvera, au profit du laminoir, 129 fr. 60 sur l'affinage de 2.400 kilogrammes de fonte, savoir :

1.500 kil. houille à 26 fr. 40 les 1.000 kil.   39 60
150 kil. fer à 600 fr. les 1.000 kil. . . .   90 »

Total. 129 60

Ancien procédé.

Pour affiner au charbon de bois, suivant le procédé généralement usité, 2.400 kilogrammes de fonte, on consomme 23 mètres 34 décimètres (672 pieds cubes) de charbon, et on obtient 1.600 kilogrammes de fer marchand.

En prenant le terme moyen du prix des charbons de bois employés dans les forges de l'Empire, on ne peut en évaluer le mètre cube à moins de 9 fr. 57 ; ce qui porte la dépense de ce combustible, pour la fabrication de 1.600 kilogrammes de fer, à 223 fr. 42.

Il est maintenant facile de juger de l'avantage du nouveau procédé sur celui que l'on suit généralement.

En comparant la dépense du fer affiné à la houille et étiré au marteau avec celle qu'occasionne l'affinage au charbon de bois, on trouve sur l'affinage de 2.400 kilogrammes de fonte un bénéfice de 121 francs 42 centimes au profit de la nouvelle méthode ; et, si on fait cette comparaison avec le fer affiné également à la houille et étiré au laminoir, la différence au profit du nouveau procédé est de 251 fr. 02.

En effet, 2.400 kilogrammes de fonte affinée au charbon de bois emploient, comme je viens de le dire, 23 mètres 34 décimètres cubes de charbon de bois qui, à raison de 9 fr. 57 le mètre cube, donnent une somme de 223 42

Pour affiner la même quantité à la houille et étirer le fer au marteau, on consomme 5.000 kilogrammes de houille qui, à 26 fr. 40 les 1.000 kilogrammes, donnent une somme de. , ... 132 »

Différence au profit de la houille . . . 91 42

Si l'on ajoute à cette somme 50 kilogrammes de fer que ce procédé donne de plus que l'ancien, et ce, à raison de 600 fr. les 1.000 kilogrammes, ci . . . . 30 »

On aura effectivement, ainsi que je l'ai dit. 121 42

au profit de l'affinage du fer par la houille, et en employant seulement le marteau.

Il a été démontré que le laminoir avait un avantage de 129 fr. 60 sur le marteau. En réunissant donc ces deux sommes, la différence du nouveau avec l'ancien procédé dans l'affinage de 2.400 kilogrammes de fonte sera, comme il vient d'être dit, de 251 fr. 02.

En adoptant ce nouveau procédé, le prix du fer pourra diminuer de 100 fr. par 1.000 kilogrammes, en offrant encore aux maîtres de forges un bénéfice beaucoup plus considérable que celui qu'ils obtiennent par la méthode actuelle: alors on obtiendra ce métal, si nécessaire à l'agriculture, à la guerre, à la marine et à tous les arts, à un prix tel que la concurrence des fers étrangers ne sera plus à craindre pour nos forges.

Le 30 avril 1812, M. le comte Chaptal écrivait encore à G. Dufaud :

» Je vous remercie, Monsieur, de l'empresse-
» ment que vous avez mis à m'envoyer votre
» mémoire sur l'état actuel des forges, sur les pro-
» cédés qu'on y emploie et sur les moyens de les
» améliorer. J'ai lu ce mémoire avec beaucoup
» d'intérêt, et personne n'était mieux en état de le

» rédiger que vous, qui avez fait faire des pas à
» l'art de travailler le fer.

» Quant à votre instruction sur l'affinage du fer
» par la houille, j'ai chargé mon comité consultatif
» des arts et manufactures de l'examiner.

Nous avons sous les yeux le rapport sur l'état des forges de l'Empire français en 1812. Ce serait sortir de notre sujet que d'en donner l'analyse quelque intéressant qu'il puisse être comme document historique. Nous nous bornerons à y signaler l'insistance avec laquelle G. Dufaud appelle l'attention du Gouvernement sur les ressources considérables que présente la *Corse* pour y créer des usines à fer de première qualité.

Dans un autre passage, après avoir fait un triste tableau de la situation des ressources en combustible végétal à cause de la dilapidation des forêts pendant la Révolution, des défrichements opérés et de la routine des fabricants, il ajoute :

« La consommation du combustible dans les
» forges est énorme, car pour extraire de la mine
» par le procédé généralement suivi 1,000 kil. de
» fer et le rendre propre à être livré au commerce,
» on consomme la superficie d'environ un hectare
» de bois taillis de l'âge de 16 à 18 ans....

Et il ajoute les lignes suivantes qui précisent les travaux auxquels il se livrait à ce moment-là :

» J'ai prouvé que la houille pouvait remplacer le
» charbon le bois dans l'affinage du fer; je l'ai
» prouvé par des expériences réitérées et faites
» sur de grandes quantités de matières.

» L'usine que je viens d'organiser dans le dépar-
» tement de l'Oise, à Montataire, et qui avant un
» an sera une des plus belles et des plus intéres-
» santes fabriques de ce genre en France, en est
» une preuve incontestable; des négociants distin-
» gués de Paris, MM. Bernard et Louis Mertian (1)
» ont donné l'exemple aux maîtres de forges en
» adoptant ce système de fabrication et en versant
» des capitaux considérables dans cette usine qui,
» maintenant, va servir de terme de comparaison
» de l'ancien avec le nouveau procédé. Tout ce qui
» a rapport à la fabrication du fer est réuni dans le
» même local; non seulement l'art d'affiner le fer
» en substituant la houille au charbon de bois y
» est établi très en grand; mais encore, pour l'é-
» tirage du fer, *j'y ai remplacé le marteau par le
» laminoir*, et les avantages de ce nouvel agent
» sont incalculables. »

Il demeure donc bien établi que dès 1812, à une époque où toute communication avec l'Angleterre était impossible, G. Dufaud, par la persévérante mise en pratique de ses propres conceptions théoriques, avait réalisé en France le travail du fer par la houille et le laminoir.

Dans le même mémoire nous trouvons aussi la proposition faite au gouvernement (qui l'a réalisée seulement bien plus tard) de fonder une *Ecole*

---

(1) L'un des Mertian était camarade de promotion de Dufaud.

pratique des Forges pour y former, en trois ans, des chefs ouvriers.

Dufaud avait du, en effet, constater péniblement dans tous ses travaux de recherches et d'expériences, quels services de pareils sujets pouvaient rendre à l'industrie.

Pour montrer combien G. Dufaud s'occupait de tous les moyens de perfectionner et simplifier le travail du fer, nous citerons encore quelques passages d'une lettre écrite par lui à M. Darcet, le 11 février 1812 (rapportée au *Bulletin de la Société d'Encouragement*, onzième année, n° XCII, février 1812) :

« Je me suis occupé avec le plus grand plaisir
» des expériences que vous m'aviez engagé à faire
» sur les moyens de scier la fonte de fer à chaud...
» Ces expériences ont été d'autant plus intéres-
» santes que je les ai appliquées de suite à mes
» besoins.
» Mon premier essai a été fait sur un support de
» grille de quatre pouces de large sur deux pouces
» d'épaisseur. Ce morceau de fonte a été chauffé à
» un feu de forge dans le charbon de terre; aussi-
» tôt qu'il a eu acquis un état d'incandescence suf-
» fisant, je l'ai fait poser sur une enclume, et avec
» une petite scie de charpentier je l'ai scié sans
» difficulté, et sans nuire en aucune manière à la
» scie; seulement, aussitôt après l'opération, je l'ai
» fait jeter dans l'eau, et le charpentier a continué
» son travail avec la même scie, sans être obligé
» de lui faire aucune réparation.

» .... Bien convaincu de la facilité avec laquelle
» on pouvait, avec le seul secours d'une scie ordi-
» naire couper de la fonte à chaud, j'ai eu occasion
» d'employer ce moyen pour le service de l'usine.

» J'avais besoin de rogner un tourillon de cinq
» pouces de diamètre ; mais, craignant de le casser
» en le coupant à froid, opération d'ailleurs bien
» longue et peu sûre, à moins qu'elle ne s'exécute
» sur un tour, j'étais décidé à en faire couler un
« autre, lorsque l'expérience dont je viens de vous
» rendre compte, me décida à le scier. Je mar-
» quai avec de la sanguine le point de section ; je
» fis chauffer ce tourillon dans un four à réverbère
» qui était en feu ; lorsque je le jugeai convenable-
» ment chaud, je le fis poser sur un casse-fer de
» manière à ce que les deux extrémités portassent
» également, et, en quatre minutes, avec deux scies
» que l'on faisait refroidir alternativement, la sec-
» tion fut faite, au grand étonnement de mes
» ouvriers, qui trouvèrent les deux scies entière-
» ment intactes.

» Je fis le même jour une opération encore plus
» difficile : j'avais une enclume de martinet que je
» voulais faire refondre parce qu'elle portait dix-
» huit lignes de trop d'épaisseur, ce qui empê-
» chait de pouvoir la placer dans la jabotte. Je tra-
» çai avec de la sanguine ce qu'il fallait enlever de
» chaque côté, comme si je l'eusse tracé sur du
» bois ; les deux sections à faire portaient chacune
» huit pouces de hauteur sur sept pouces de lar-
» geur, et leur peu d'épaisseur exigeait de la préci-
» sion. Je la fis chauffer également dans un four à
» réverbère ; lorsqu'elle fut suffisamment chaude,
» je la fis saisir par deux ouvriers avec une forte

» tenaille et poser sur un bloc de fonte; elle fut
» sciée avec les mêmes scies qui m'avaient servi
» pour le tourillon et avec beaucoup de facilité.

» J'ai remarqué dans le cours de ces expériences :

» 1° Que la fonte chauffée au four était plus
» facile à scier que celle chauffée à la forge, et la
» raison en est simple : dans un four la fonte est
» également chauffée sur tous les points, tandis
» que dans un foyer de forge la partie la plus près
» de la tuyère est presque en fusion lorsque celle
» qui lui est opposée est à peine rouge;

» 2° Qu'on doit éviter de trop chauffer la fonte,
» car, si la surface est trop rapprochée de l'état de
» fusion, alors la scie s'empâte et l'opération mar-
» che mal;

» 3° Que la scie doit être conduite avec beaucoup
» de vitesse, parce qu'alors elle s'échauffe moins,
» qu'elle fait mieux son passage, et que la section
» est beaucoup plus juste et plus nette;

» 4° Enfin que la fonte doit être placée de manière
» à porter partout. d'aplomb, excepté sous le pas-
» sage de la scie.

» Il serait d'autant plus à désirer, Monsieur, que
» cette méthode de scier la fonte reçût la plus
» grande publicité qu'elle peut avoir les plus heu-
» reuses applications dans les arts; je vous remer-
» cie beaucoup de m'en avoir donné l'idée, car je
» me trouverai souvent dans le cas d'en faire
» usage.... »

Annexe D.

Bulletin de la Société d'Encouragement pour l'Industrie nationale. — Neuvième année (N° LXXIV). Août 1810. (Page 203).

Séance générale du 8 août 1810.

M. Anfrye a rendu compte, en ces termes, de l'examen que le Comité des Arts chimiques a fait des mémoires envoyés au concours pour le prix relatif à la purification des fers cassant à froid et à chaud :

Le Conseil d'administration a reçu deux mémoires sur la purification des fers cassant à froid et à chaud : l'un est de M. d'Olmi, professeur de physique et de chimie au collège de Sorrèze, département du Tarn; l'autre est de M. Dufaud fils, maître de forges à Nevers, département de la Nièvre.....

Procédé de M. Dufaud pour la purification du fer cassant à froid.

M. Dufaud, d'après la description qui a été donnée de son procédé pour l'affinage du fer au charbon de terre, avait en son pouvoir tous les moyens pour entreprendre avec espoir de succès la purification des fers cassant à froid ou cassant à chaud ; il ne s'est occupé qu'à purifier les fers cassant à froid, les mines de la Nièvre ne produisant pas de fer cassant à chaud.

Pour purifier le fer cassant à froid, M. Dufaud introduit dans son four d'affinerie 200 kilogrammes de fonte, qui, par le procédé ordinaire des forges, donne toujours du fer cassant à froid ; lorsque la matière est en fusion, il jette sur la surface un trentième du poids de la fonte de carbonate de chaux, et fait fortement brasser la matière pour faciliter le contact de la fonte et du carbonate de chaux. Cette opération se renouvelle deux fois, et à la seconde, on brasse jusqu'à ce que la matière ait pris une consistance pâteuse ; alors on la divise en plusieurs parties, suivant qu'on veut avoir des barres plus ou moins fortes. On pousse ces pièces le plus près possible de l'autel, afin qu'elles reçoivent un grand coup de feu ; et, lorsque le métal a pris un aspect brillant, on arrose les pièces avec du laitier, qu'on a toujours soin de conserver en bain sur le devant du fourneau ; on porte ensuite les pièces au martinet. Le surplus de l'opération rentre dans les procédés ordinaires.

Ce moyen, dit M. Dufaud, de purifier le fer cassant à froid, n'ajoute rien à la dépense de son procédé pour l'affinage du fer, car dans le même temps on fabrique la même quantité et on obtient toujours du fer extrêmement doux, soit qu'on affine des fontes douces ou de celles qui, par le procédé ordinaire, ne donnent que du fer cassant à froid.

Votre Comité estime qu'on doit à M. Dufaud d'avoir perfectionné l'art de fabriquer le fer, d'autant plus qu'il paraît que par son procédé, on aura moins à redouter la mauvaise qualité des minerais dont on extrait ce métal; on obtiendra toujours du fer ductile, ce que vainement on tenterait en suivant l'ancienne routine. Il fallait isoler ce métal du contact du charbon; le fourneau à reverbère était le seul convenable.

Un autre avantage est l'emploi du charbon de terre, ce qui donnera à nos forêts le temps de se repeupler. Ce procédé, n'en doutons pas, sera pratiqué par toutes les personnes qui accueillent les découvertes utiles, par toutes les personnes, et le nombre en est grand, qui s'occupent de leur intérêt.

La purification du fer cassant à froid est fondée, suivant l'auteur, sur ce qui est bien reconnu, que la chaux décompose le phosphure de fer; il s'ensuivrait qu'un grand degré de feu changerait un peu l'ordre des affinités; en cela votre Comité ne partage pas l'opinion de M. Dufaud. Quoi qu'il en soit, il est bien reconnu que la fonte de fer provenant du haut-fourneau de Prémery ne produit que du fer cassant à froid, et l'expérience suivante prouve que, d'après le procédé de M. Dufaud, on peut retirer de cette fonte du fer qui égale en bonté le meilleur fer connu.

Sur invitation de M. le comte de Plancy, préfet du département de la Nièvre, M. Barbé, chef de bataillon au corps impérial d'artillerie de la Marine, directeur des forges de la Marine, et M. André Petit, capitaine au corps impérial d'artillerie, inspecteur de la fonderie de Nevers, se sont transportés au Pont-Saint-Ours le 15 février dernier, pour être présents à une expérience de M. Dufaud ayant pour but de purifier les fers cassant à froid. Ils certifient que M. Dufaud a employé à son expérience la fonte du fourneau de Prémery qui ne donne, par l'affinage ordinaire, que du fer très cassant à froid ; que cette fonte a été traitée au fourneau à reverbère, en substituant le charbon de terre au charbon de bois, et en projetant sur le bain de la fonte un trentième de son poids de carbonate de chaux ; ils attestent de plus que le résultat de l'opération a fourni, après le martelage ordinaire, un fer qui leur a paru doux et liant.

Des échantillons de ce fer ont été adressés, sous cachet, au Conseil d'administration de la Société d'encouragement, par les mêmes commissaires ; votre Comité, au premier aspect, a partagé l'opinion de MM. Barbé et André Petit, et cette opinion a été confirmée par les essais qu'il a faits pour en constater la qualité.

D'où il résulte que toutes les formalités exigées par le programme ont été strictement remplies. Votre Comité regrette que M. Dufaud se soit trouvé dans l'impossibilité de s'occuper de la purification du fer de gueuse, qui produit le fer cassant à chaud, d'autant plus qu'il paraît qu'il aurait obtenu d'aussi heureux résultats que pour le fer cassant à froid ; car il est probable qu'on doit la solution d'un problème aussi intéressant à la substitution du fourneau à reverbère, aux forges dont on fait usage ; et, en effet, ne sait-on pas qu'un degré de température proportionné à la fusibilité des métaux suffit, au moyen du contact de l'air, pour amener les substances métalliques au degré de pureté désirable ; que c'est ainsi qu'on détruit les alliages métalliques, parce que l'air. porte de préférence son action sur celui des métaux qui est le plus oxydable. Le phosphore et le soufre sont des corps plus oxydables que les métaux, conséquemment plus faciles à séparer ; mais, pour y parvenir, il faut éviter le contact du charbon, et le fourneau à reverbère procure cet avantage.

Le titre des commissaires qui ont assisté à l'expérience faite au Pont-Saint-Ours, atteste qu'ils sont investis de la confiance du Gouvernement, ce qui commande aussi celle de la Société d'Encouragement.

En conséquence, votre Comité des Arts chimiques vous propose d'accorder à M. Dufaud le prix de 4,000 francs pour la purification du fer cassant à froid.....

―――

Le prix de 4.000 francs pour la découverte d'un moyen d'épurer en grand le fer cassant à froid, a été décerné à M. Dufaud, maître de forges à Nevers.

―――

Bulletin de la Société d'Encouragement pour l'industrie nationale (dixième année, n° LXXXVII), septembre 1811 (page 239).

Séance générale du 4 septembre 1811.

Après la lecture de ce rapport (1), M. *Anfrye*, ayant obtenu la parole, s'est exprimé en ces termes sur le prix pour la fabrication des fers cassant à chaud :

« Deux mémoires sont parvenus à votre Conseil d'Administration sur le concours relatif à la purifi-

―――
(1) Les rapports qui précèdent sont étrangers à M. Dufaud.

cation des fers cassant à chaud ; l'un de ces mémoires est de M. d'*Olmi*, professeur de chimie et d'histoire naturelle au collège de Sorèze, département du Tarn ; l'autre est de M. *Dufaud*, ancien élève de l'Ecole polytechnique, demeurant à Nevers, département de la Nièvre.

» MM. d'*Olmi* et *Dufaud* ont déjà concouru l'année dernière, et vous avez accordé à M. *Dufaud* le prix pour la purification du fer cassant à froid.

» Cette année, M. d'*Olmi* s'est borné à l'envoi d'un mémoire sur la purification du fer cassant à chaud ; mais attendu qu'il a négligé de s'astreindre aux formes exigées par le programme, je puis me dispenser d'entrer dans les détails sur le mérite de son procédé. Je dirai cependant que M. d'*Olmi* pense qu'on pourrait arriver à la solution du problème, en affinant au fourneau à réverbère le fer de gueuse, qui, aux forges ordinaires, donne pour produit du fer cassant à chaud.

» Ce qu'indique M. d'*Olmi* a été exécuté par M. *Dufaud*.

» Pour ôter au fer cassant à chaud cette propriété, M. *Dufaud* emploie le fourneau à réverbère, perfectionné par M. *Bertrand*, sous-directeur des forges impériales de Cosne. Il serait superflu de donner la description de ce fourneau, qui se trouve consignée dans un mémoire imprimé de M. *Dufaud* sur le travail du fer, ainsi que dans le rapport que j'ai eu l'honneur de vous faire sur la purification du fer cassant à froid. M. Dufaud a opéré sur la fonte coulée au fourneau de Beauchamp, produit des mines extraites à Choiseuil ; ces mines ne donnent, par le procédé ordinaire des forges, que du fer cassant à chaud.

« La mine de Choiseuil contient, suivant M. *Dufaud*, une très grande quantité de sulfure de fer, et pour la traiter, lorsque la fonte qui provient de cette mine est au bain, il y projette un quarantième de son poids de battitures de fer, mêlées par égale portion avec de la chaux pulvérisée.

» L'expérience propre à constater l'efficacité de ce procédé, a été faite en présence de MM. *Barbé*, chef de bataillon au corps impérial de la marine et directeur des forges de la marine à Guérigny, et *Petit*, capitaine au même corps, et inspecteur de la fonderie impériale à Nevers, lesquels ont été désignés à cet effet par M. le baron *de Breteuil*, préfet du département de la Nièvre.

» Le procès-verbal porte que le fer produit de l'expérience a été forgé à toutes les températures, et qu'il a supporté, sans se casser, les différentes épreuves que ne peuvent supporter les fers cassant à chaud. Les commissaires ajoutent que ce fer a été fabriqué sans aucune addition de dépense au procédé ordinaire de M. *Dufaud*.....

» M. *Dufaud*, pour amener le fer de gueuse à l'état de fer ductile et détruire en même temps le vice qui le rend cassant à chaud, projette sur cette fonte, lorsqu'elle est en bain, un quarantième de son poids de battitures de fer et une égale quantité de chaux pulvérisée.

» Si ces battitures n'étaient pas dans une aussi faible proportion, leur emploi pourrait jeter quelques doutes sur la bonté du procédé, par la raison que si à de l'argent allié on ajoute de l'argent, le mélange gagnera nécessairement au titre.

» Toutes les expériences propres à constater la qualité du fer ont été répétées sur celui fabriqué par M. *Dufaud*, et elles ont prouvé que ce fer était ductile à chaud ainsi qu'à froid.

» Les expériences de M. *Dufaud* ont été faites en présence de commissaires dont le témoignage est un titre puissant; aussi votre Conseil d'administration n'hésite-t-il pas à vous proposer de *fermer le concours*. Mais comme il n'est pas constant que ce soit seulement à la présence des pyrites ferrugineuses qu'on puisse attribuer la mauvaise qualité du fer; que le soufre peut s'unir à d'autres métaux et augmenter la difficulté de l'affinage, et que, d'ailleurs, il est bien entendu qu'un procédé propre à purifier le fer cassant à chaud doit pouvoir s'appliquer à tous les fers qui ont cette propriété, quelle que soit la nature de la substance à laquelle ils se trouvent alliés, votre Conseil vous propose de nommer une commission pour assister à des expériences qui seraient faites sur cinq espèces de fonte de fer, en présence et sous la direction de M. *Dufaud*.

» Il croit juste que la Société supporte les frais de ces expériences, dont le résultat la mettra à portée d'émettre son opinion définitive sur l'un des plus utiles sujets de prix qui ait été mis au concours. »

Cette résolution demeura bien longtemps inexécutée car, ainsi que le prouvent les pièces dont nous reproduisons la copie, ce ne fut qu'en 1819 que la commission fut instituée et que l'on reconnut définitivement les droits de G. Dufaud au prix qu'il avait mérité dès 1811 :

SOCIÉTÉ D'ENCOURAGEMENT POUR L'INDUSTRIE NATIONALE

Enreg. n° 1975 bis,
2ᵉ Reg. d'ordre.

Paris, ce 8 juin 1819

Le Secrétaire de la Société d'Encouragement pour l'Industrie nationale,
A Monsieur Evrat, Maire de La Guerche (Cher).

Monsieur,

La Société d'encouragement avait proposé, en 1803, un prix de 4,000 francs pour celui qui trouverait le moyen de purifier *les fers cassant à chaud;* ce sujet de prix fut remis au concours d'année en année, jusqu'en 1811. A cette époque, M. Dufaud, alors maître de forges à Nevers, qui avait déjà obtenu le prix pour la purification des *fers cassant à froid,* présenta relativement au premier problème des résultats qui parurent très satisfaisants; mais le temps et les moyens manquèrent pour répéter le procédé, et l'on se borna, pour le moment, à fermer le concours, en réservant à M. Dufaud ses droits à la récompense promise. Des obstacles qu'on n'avait pas prévus, l'interruption des travaux de M. Dufaud et les événements divers qui ont rempli les six dernières années, ont prolongé jusqu'à 1819 l'ajournement de cette affaire; ce n'est que dans sa séance du 19 février dernier, que la Société, sur le rapport de son comité des arts chimiques, a pu arrêter un plan qui doit en amener l'issue. La difficulté de trouver sur les lieux des commissaires capables de suppléer ceux qu'elle aurait désirés et qu'elle ne pouvait pas y envoyer elle-même, cette difficulté a été levée. Sûre de trouver en vous, Monsieur, les connaissances et la bonne volonté nécessaires pour vérifier la découverte de M. Dufaud par des expériences précises, la Société d'Encouragement s'adresse à vous, avec confiance, pour vous inviter à remplir cette mission, conjointement avec MM. Lucas et Flamen d'Assigny, de Nevers. Comme elle ne doute point de votre assentiment à cet égard, je vais avoir l'honneur de vous exposer ce qu'elle attend de votre complaisance et de vous indiquer la marche à suivre dans les opérations dont il s'agit :

1° On constatera d'abord que la fonte qui devra servir aux expériences donne du fer cassant à chaud, étant traitée, avec le plus grand soin, par la méthode ordinaire ;

2° En conséquence, on en traitera une quantité suffisante pour pouvoir évaluer les frais de fabrication et les produits ;

3° Le fer provenant de cette première expérience devra être comparé aux fers les plus cassants du commerce ; il en sera réservé des échantillons pour être envoyés à Paris ;

4° Un poids égal de la même mine reconnue pour donner du fer très cassant, sera traité par la méthode de M. Dufaud, et le fer qui en proviendra sera essayé comparativement avec les bons fers nerveux de nos forges ;

5° Dans les deux expériences, on tiendra compte de tout ce qui entre dans la dépense de fabrication et du déchet éprouvé, en pesant exactement le fer produit, afin de pouvoir juger jusqu'à quel point le procédé est économique.

6° Des procès-verbaux bien circonstanciés constateront les précautions prises pour arriver à connaître, avec précision, les avantages du nouveau procédé.

Si la Société ne s'est pas trompée, Monsieur, en comptant sur votre dévouement, veuillez vous concerter avec MM. Lucas et Flamen d'Assigny, pour commencer promptement les expériences, et faire en sorte qu'elles puissent être terminées avant le 1ᵉʳ août, afin que, dans le cas où le prix serait mérité, il puisse être décerné à M. Dufaud dans la prochaine séance générale de la Société.

J'ai l'honneur d'être, avec la considération la plus distingnée, Monsieur, votre très humble et très obéissant serviteur,

De Gérando.

PROCÈS - VERBAL DES ESSAIS FAITS EN VERTU DE LA LETTRE QUI PRÉCÈDE

Nous soussignés, Frédéric Flamen d'Assigny, capitaine d'artillerie, demeurant à Nevers, et Alexis Evrat, ancien maître de forges, maire de La Guerche, y demeurant, en vertu d'une lettre du secrétaire de la Société d'encouragement sous la date du 8 juin dernier, nous sommes transportés aux forges de Grossouvre pour procéder aux opérations détaillées dans ladite lettre et constater les procédés employés par M. Dufaud pour la purification des fers cassant à chaud.

Voulant donner tous les soins que mérite une opération aussi importante, nous y avons employé les journées des 5 et 6 du présent mois, et en voici les résultats :

Opérations préliminaires.

1° Nous avons reconnu les mines qui produisent le fer cassant à chaud purifié par M. Dufaud, et nous en avons pris deux morceaux pour être joints aux échantillons de fonte et de fer qui seront adressés à la Société d'encouragement.

2° Une gueuse produite avec les moyens ordinaires par ces mines a été cassée en deux parties pour être l'une traitée par le procédé généralement en usage dans les forges de France, et l'autre par celui de M. Dufaud.

Procédé ancien.

La gueuse placée au feu d'affinerie ordinaire a été traitée avec le plus grand soin, et même avec plus de précaution qu'on n'en prend ordinairement, les ouvriers ayant été continuellement surveillés par nous. Le fer qui en est résulté a été constamment cassant à chaud. Nous avons fait tous les essais d'usage, nous l'avons fait reforger à la forge de maréchal, il a été percé à la couleur cerise, et coudé carrément, il n'a résisté à aucune de ces expériences et nous a montré tous les caractères du fer cassant à chaud, ainsi qu'il est connu dans le commerce, sous le nom de *fer de couleur*. Pour fabriquer 1.000 kilos de fer par ce procédé, qui est le seul en usage dans toutes les forges de

France, excepté à Grossouvre, où M. Dufaud vient d'établir un système très économique, on emploie 1,500 kilos de fonte et 6 bannes de charbon de bois, ou 420 pieds cubes. Nous évaluerons la fonte à 200 fr les 1.000 kilos, qui est le prix le plus commun, et 22 fr. la banne de charbon. Le prix de 1.000 kilos de fer ainsi fabriqué, et d'après les bases admises et réelles des matières premières, reviendra, y comprise la main-d'œuvre, à 464 fr. les 1 000 kilos. Nous ne parlons pas du loyer de l'usine et des autres frais qui sont à peu près les mêmes dans l'un et l'autre procédé, seulement on remarquera, d'après les observations que nous a faites M. Dufaud, que sa fabrication étant triplée d'après sa nouvelle méthode, et les frais étant toujours les mêmes, ils sont, par le fait, réduits à un tiers.

Pour fabriquer 1.000 kilos de fer, on emploie :

1.500 kilos de fonte à 200 fr.	300
Et 6 bannes de charbon à 22 fr.	132
Main-d'œuvre, marteleur et gars compris .	32
Total.	464

Procédé de M. Dufaud.

L'autre partie de la gueuse affinée par le procédé en usage dans les forges françaises a été placée dans un foyer de forge appelé mazerie, elle y a été fondue, et M. Dufaud a fait jeter dans le feu pendant la fusion et à quatre époques différentes environ 6 kilogrammes de chaux fusée à l'air. Lorsque la fusion a été complète, il a été donné issue à la fonte et elle s'est épanchée sur la place, en avant du foyer. Cette première opération s'appelle mazage et la fonte ainsi préparée « fer mazé ».

Ce fer mazé, divisé par lots de 125 kilos, chaque lot devant composer une opération, a été porté dans la nouvelle usine de M. Dufaud et là il a été affiné dans un four à reverbère préparé pour cela. Aussitôt que le métal est entré en fusion, un ouvrier, au moyen d'un fort crochet, a agité fortement le bain et a projeté dessus environ 3 kilos de chaux à trois époques différentes, c'est-à-dire jusqu'au moment où la matière a pris de la consistance. Pendant le brassage, nous avons remarqué beaucoup de petites flammes bleues d'environ douze à quinze lignes de hauteur, et nous n'avons cessé de les apercevoir que lorsque des points métalliques très brillants sont venus les remplacer; l'opération alors a tiré sur sa fin, les scories se sont séparées du métal, et l'ouvrier a divisé en quatre parties le fer obtenu pour en former quatre pièces qu'il a comprimées fortement avec un levier de fer au bout duquel était ménagée une forte masse. Le fer, dans cet état, a été porté au laminoir; car M. Dufaud a remplacé, dans la fabrication du fer, le marteau par le laminoir, ce qui rend les opérations plus promptes et diminue le déchet du fer. En quatre minutes, les quatre loupes ont été converties en barres, et quatre opérations faites successivement ont donné les mêmes résultats. Les essais que nous avons faits sur ces fers ont donné les résultats les plus satisfaisants. Ce fer est très doux à froid, se forge et se perce bien; enfin, il résiste à toutes les épreuves à chaud et à froid. Nous avons joint tous nos essais aux autres échantillons, et nous les avons placés dans une boîte, séparément des essais du fer produit par la même fonte par l'ancien procédé.

Pour produire 1,000 kilos de fer mazé, on emploie 1,100 kilos de fonte, et une banne et demie de charbon de bois.

Pour produire 1,000 de fer au four à réverbère, on emploie 1,150 kilos de fer mazé et dix hectolitres de charbon de terre. Ces calculs ont été sévèrement vérifiés par nous, la fonte et le fer mazé ayant été pesés, et les charbons de bois et de terre mesurés. Le prix d'un millier de fer ainsi fabriqué, non compris les frais et loyer qui sont, comme nous l'avons dit, à peu près les mêmes que pour l'ancienne méthode à laquelle nous ne les avons pas non plus ajoutés, est de 346 fr. 40 les mille kilos, savoir :

1re Opération : Fer mazé.

Pour 1,000 kilos fer mazé, on emploie 1,100 kilos fonte à 200 fr. . . . . 220 »
et une banne et demie charbon, à 22 fr. . 33 »
Façon à l'ouvrier, à 3 fr. . . . . . 3 »
                    Total. . . . . 256 »

2e Opération : Affinage.

Pour 1,000 kilos de fer en barres, on emploie 1,150 kilos fer mazé à 256 fr. les 1,000 kil 294 40
et dix hect. charbon de terre à 3 fr. 50 l'un. 35 »
Main-d'œuvre. . . . . 17 »
                    Total. 346 40

Toutes les opérations ainsi terminées et vérifiées avec le plus grand soin, et toutes les précautions les plus minutieuses, nous avons renfermé dans une boîte : 1° de la mine; 2° de la fonte brute; 3° du fer mazé; 4° des échantillons des essais faits par nous sur le fer produit par l'ancienne méthode; 5° des échantillons des essais faits sur le fer purifié par M. Dufaud; 6° enfin des scories de la mazerie et des scories du four à réverbère, lesquelles doivent nécessairement contenir plus ou moins de sulfate de chaux. Cette boîte a été scellée du sceau de la mairie de la Guerche et adressée à l'agent général de la Société d'Encouragement, à Paris.

Nous observerons qu'on doit attribuer la grande différence du prix de fabrication qui existe au profit de la méthode de M. Dufaud, à la perfection des machines qu'il a établies pour remplacer le marteau; en effet, pour étirer une pièce de forge par l'ancienne méthode, elle doit être portée au moins trois fois au feu, et M. Dufaud l'étire et la fend même en verge d'une seule chaleur, ce qui lui évite deux déchets. Un autre motif encore est la substitution du charbon de terre au charbon de bois pour l'affinage et la chauffe du fer. On peut y ajouter l'économie sur la main-d'œuvre par la promptitude des opérations.

Le présent procès-verbal fait et clos le 6 août 1819.

C'est à la suite de ces expériences que le prix, différé depuis 1810, fut définitivement acquis à G. Dufaud.

Quelques mois plus tard, les droits de G. Dufaud avaient été solennellement confirmés par le rapport suivant que nous extrayons du bulletin de la Société d'Encouragement, et qu'il nous paraît intéressant de reproduire :

Bulletin de la Société d'Encouragement pour l'Industrie nationale. — Dix-huitième année. (N° CLXXVI). Février 1819. (Page 50).

Arts chimiques.

RAPPORT FAIT PAR M. MÉRIMÉE, AU NOM DU COMITÉ DES ARTS CHIMIQUES, SUR UNE RÉCLAMATION DE M. DUFAUD, MAÎTRE DE FORGES.

On a inséré dans le *Bulletin* n° CLXVII, page 140, une note relative à des expériences que M. de Wendel a faites dans ses forges pour introduire, d'après les procédés suivis en Angleterre, l'emploi de la houille dans la fabrication de la fonte et du fer. Elle porte en substance :

« Que les mines traitées par M. de Wendel, et qui ne produisent que des fers cassant à froid, n'ont pu être converties en fonte qu'avec du bois; mais que cette fonte, traitée ensuite avec de la houille, a produit du fer très ductile. »

La note est terminée par cette phrase :

Ainsi se trouverait entièrement résolu le problème de changer la nature des fers cassant à froid.

Cette conclusion du rédacteur a donné lieu à la réclamation de M. Dufaud, que vous avez renvoyée à l'examen de votre Comité.

Elle est, Messieurs, très fondée, car le procédé pour lequel la Société a décerné, il y a dix ans, un prix à M. Dufaud consiste à traiter les fers cassant à froid avec de la houille, en y ajoutant un peu de chaux ; ainsi le problème était dès lors parfaitement résolu.

Cette circonstance nous offre un nouvel exemple de ce qui arrive assez souvent à l'occasion de nos découvertes. Elles ne sont, pour la plupart, bien accueillies qu'après avoir fait un voyage à l'étranger, et nos voisins qui les ont adoptées à leur naissance, croient pouvoir s'en attribuer tout l'honneur. Cette fois, nos droits d'inventeurs ne pourront être contestés, car ils ont été solennellement reconnus, à Londres, par un jugement de la chancellerie.

M. Anthony Hill, l'un des maîtres de forges les plus distingués de l'Angleterre, ayant eu connaissance du procédé de M. Dufaud, en fit l'essai dans sa forge de Plymouth, dans le Glamorganshire, et l'appliqua à la purification des fers très cassants à froid provenant de scories pesantes revivifiées dans des hauts-fourneaux. Il obtint le même succès que M. Dufaud obtient depuis plus de quinze ans pour de semblables réductions.

Pour concentrer dans ses usines le procédé français qui convertit, d'une manière si facile, les fers les plus cassants en fers très nerveux, M. Hill prit une patente. Les maîtres de forges mirent opposition à l'exercice du privilège, et l'affaire fut portée devant la chancellerie. Les adversaires de M. Hill lui opposèrent que son procédé avait été publié, en France, par la Société d'Encouragement, et ils prouvèrent que nos *Bulletins* avaient pénétré en Angleterre.

La publication du procédé étant ainsi démontrée, la chancellerie annula le privilège accordé à M. Hill.

En accueillant cette réclamation, faite autant dans l'intérêt de la gloire nationale que dans celui de M. Dufaud, votre Comité, Messieurs, ne croit pas qu'il y ait lieu à faire de graves reproches au rédacteur de la note. Le prix décerné depuis si longtemps pouvait être facilement oublié, et il a pu être confondu avec celui pour la purification des fers cassants à chaud, dont la vérification a été retardée jusqu'à ce jour, et que vous ne laisserez pas sans doute en suspens.

En attendant, votre Comité vous propose d'accueillir la réclamation de M. Dufaud, en faisant insérer le présent rapport dans votre *Bulletin*.

Adopté en séance, le 12 janvier 1819.

Signé : Mérimée, *rapporteur*.

Annexe E.

Voici copie d'un travail, datant de cette époque, que nous avons trouvé dans les papiers de G. Dufaud :

Note adressée à M. le chevalier Locard, préfet du Cher, sur le nouveau système introduit par G. Dufaud, ancien élève de l'Ecole polytechnique, dans les Forges françaises.

Dans la France actuelle, la fabrication du fer en barres ne s'élève pas au-delà de 48 à 50,000,000 kilog. La consommation est d'environ 60,000,000 kil. Le déficit est alors de 10,000,000 kilog. environ. Jadis ce déficit nous était fourni par la Suède, mais le prix actuel de ces fers, à Stockholm, joint à celui du fret et des droits considérables d'entrée dont ce métal est frappé, rend presque impossible nos achats dans ces contrées; nous avons alors recours aux forges anglaises, dont les prix sont bien inférieurs à ceux des forges du Nord.

Le prix du fer en France est bien élevé, et est même, on peut le dire, presque hors de la portée de l'agriculture et de la majeure partie des arts mécaniques, pour lesquels ce métal est cependant de première nécessité.

Pour échapper au tribut annuel que nous payons à l'étranger et pour amener le prix du fer à un taux qui puisse en augmenter l'emploi, et par conséquent accroître la prospérité de l'agriculture et des arts mécaniques, le seul moyen est d'en augmenter la fabrication en en diminuant les dépenses.

Cette augmentation de produit est impossible avec l'ancien système; elle est impossible, parce que le bois étant le seul combustible employé en France, soit à la réduction de la mine de fer, soit à la confection du fer en barres, cette fabrication est calculée d'après la masse de bois qui lui est affectée, et cette masse, au lieu d'augmenter, diminue chaque jour.

Il ne reste donc que deux moyens d'arriver à ce but important pour l'industrie nationale, c'est de remplacer tout ou partie du charbon de bois par la houille dont la nature, sur beaucoup de points, a été prodigue envers nous.

Sur les minières de houille dans lesquelles on trouve en même temps le minerai de fer, on ne doit employer que ce combustible.

Dans les forges placées à la portée des grandes rivières et des canaux, et dont le territoire est riche en bois et en mines de fer, la houille doit être employée comme auxiliaire.

Que l'Angleterre, ce pays vrai foyer d'industrie, nous serve d'exemple! il y a à peine quarante ans qu'on exécutait avec rigueur une ordonnance du roi Georges, qui voulait que tout vaisseau chargé de fer qui touchait les côtes de la Grande-Bretagne, fût tenu d'y vendre sa cargaison, le fer y était alors fort rare et fort cher. Eh bien! maintenant l'Angleterre fabrique 150,000,000 kilog. de fer; elle en consomme 75,000,000 kilog. et le reste est expédié pour les quatre parties du monde.

L'Angleterre, beaucoup plus petite que la France, consomme au-delà de 15,000,000 kilog. de fer annuellement plus qu'elle; pourquoi? parce que le fer s'y vendant à bas prix, remplace avantageusement le bois dans beaucoup de constructions, et que les arts mécaniques et l'agriculture y sont portés au plus grand état de prospérité.

Un grand service rendu à l'industrie nationale et dont les conséquences avantageuses sont incalculables, est donc l'introduction d'un système qui bientôt, non-seulement nous mettra à même de prohiber l'entrée des fers étrangers en France, mais encore nous fournira les moyens, par une forte diminution dans le prix de vente de nos fers, de venir en concurrence avec nos voisins dans les marchés étrangers.

Pour être frappé de la différence immense en avantage qu'il y a entre l'ancienne méthode et celle introduite par M. Dufaud, il suffira de faire une comparaison entre la nouvelle forge qu'il a montée et l'ancienne qu'il exploitait dans le même lieu.

Ancien système.

Les forges de Grossouvre, par l'ancien système, ne fabriquaient pas au-delà de 355,000 kil. de fer dans les années abondantes en eau.

Pour fabriquer 1,000 kilos de fer en barres, on employait 1,500 kilos de fontes et 6 bannes ou environ 2.700 kilos de charbon de bois (terme moyen du poids du charbon).

Le prix ordinaire du charbon de bois est de 24 fr. la banne rendue aux forges.

Pour fabriquer 1.000 kilos de fer fendu ou les convertir en cercles de cuve de tous échantillons, on employait 1.040 kilos de fer en barres, et environ 3 stères de bois, cette nouvelle fabrication exigeait en outre une nouvelle main-d'œuvre.

Nouveau procédé.

Maintenant, avec le système introduit par M. Dufaud, et dont nous donnerons plus bas un aperçu, les forges de Grossouvre fournissent annuellement au commerce de 11 à 1.200.000 kilos de fer, soit en barres, soit fendu, ou cercles de cuves de tous échantillons.

Voilà déjà une augmentation annuelle de fabrication d'environ 850.000 kilos sur un seul point du département du Cher.

Au lieu de 1.500 kilos de fonte par 1.000 kil. de fer, M. Dufaud n'en emploie que 1.300 kil., et cela parce que les opérations étant beaucoup plus promptes, et le fer au lieu de trois et quatre fois n'étant exposé qu'une à l'action du calorique, il doit en résulter un bien moindre déchet.

M. Dufaud remplace par 2 bannes de charbon de bois et par 6 hectolitres de houille les 6 bannes de charbon de bois employées par l'ancien système.

Ainsi, au lieu de 144 fr. que coûtent les 6 bannes de charbon, il ne dépense par 1.000 kilos de fer que 69 fr., savoir :

2 bannes de charbon de bois.	48
6 hectolitres de houille à 3 fr. 50 l'un. . . .	21
Total.	69

Il y a donc, sur le combustible seul, une économie énorme de 75 fr. par 1.000 kilos.

Sur le fer fendu ou les cercles de cuves, tout est bénéfice, car le massiot est mis en barres, est fendu ou laminé en cercles de cuves toujours d'une chaleur, au choix de M. Dufaud.

Si à tous ces avantages matériellement exacts on ajoute ceux d'une grande fabrication, qui consistent essentiellement dans l'économie des frais généraux qui, répartis sur une grande fabrication, deviennent peu sensibles, on aura peu de peine à se convaincre que cette nouvelle méthode est une des conquêtes les plus importantes qu'on ait pu faire en faveur de l'*industrie nationale*.

Aperçu du système de M. Dufaud.

Le fer est affiné suivant l'ancienne méthode au charbon de bois, la loupe est seulement comprimée au marteau, et est livrée à la nouvelle usine sous la forme d'un prisme octangulaire irrégulier; elle est alors appelée massiot.

On place environ 350 kilos de ces massiots dans un four à reverbère dont l'enveloppe extérieure est composée de taques de fonte, tandis que l'intérieur est construit en briques très réfractaires; ces fours sont chauffés au moyen de la houille; une heure, ou cinq quarts d'heure au plus, suffisent pour faire arriver ces massiots à un état d'incandescence suffisant pour être étirés au laminoir.

Deux harnais de laminoir placés bout à bout forment tout l'appareil, un faux arbre portant un volant de 10.000 kilos et faisant de 70 à 80 révolutions à la minute est mouflé aux cylindres; le moteur de ce faux arbre, dont la lanterne est mue par un grand engrenage que porte l'arbre, est une roue hydraulique de 24 pieds de diamètre; en avant est établie la fenderie, mue par la même roue.

Les cylindres d'un des laminoirs portent des gorges qui diminuent progressivement; les cylindres de l'autre laminoir portent des gorges dont la forme est celle de la barre qu'on désire obtenir.

Les ouvriers présentent d'abord leur massiot dans les premiers cylindres et, lorsqu'il est suffisamment allongé, ils le livrent au deuxième cylindre, où la barre est achevée; cette opération ne dure jamais plus d'une minute. Si on veut obtenir du fer en verge, il suffit de présenter la barre réduite à l'échantillon convenable, dans les taillands de la fenderie.

Tout est simple, tout marche parfaitement, sans embarras, et ce qu'on ne doit pas perdre de vue, c'est qu'il n'y a pas dans cet établissement un seul ouvrier étranger; ce sont tous hommes du pays formés par M. Dufaud: serruriers, tourneurs, charpentiers, lamineurs, chauffeurs, tous enfin sont ses élèves; on peut alors aisément calculer combien cet établissement, qui date à peine de dix-huit mois et dont tout est parfait pour le travail, a dû lui coûter de peines et de soins.

Qualité des fers.

La beauté de la fabrication se conçoit aisément; rien de plus régulier que les barres fabriquées dans cet établissement, la qualité du fer ne cède en rien à la régularité de sa fabrication, il résiste à toutes les épreuves à chaud et à froid, il est propre à tout et les ouvriers du pays, d'abord pleins de préjugés contre ce nouveau système, avouent maintenant que jamais ils n'ont employé de meilleur fer.

M. Dufaud a eu à vaincre non seulement la routine opiniâtre et peu éclairée des ouvriers, mais encore l'opposition irréfléchie des autres maîtres de forges qui ne voyaient dans cette nouvelle usine rien moins que la destruction totale des leurs. Quelques-uns aussi, par suite d'une jalousie qu'on ne peut concevoir, ont cherché à détruire par sa base cet intéressant établissement en annonçant partout faussement et sans preuves que le fer qu'il produisait était de mauvaise qualité; on a été jusqu'à vendre du fer anglais pour du fer de Grossouvre, mais l'évidence a triomphé de tout et ce que M. Dufaud peut répondre de plus péremptoire à cet égard, c'est que, malgré que la fabrication soit plus que triplée par son nouveau système, non seulement il ne reste pas une barre dans les magasins, mais on ne peut suffire aux demandes qui affluent de toutes parts.

Annexe F

Extrait du *Journal de Paris* (n° du 9 avril 1819).

La Société d'Encouragement pour l'Industrie nationale a tenu avant-hier, dans son local de la rue du Bac, n° 14, une séance générale consacrée à entendre la lecture du compte rendu des travaux du conseil d'administration, et celui des recettes et dépenses de la Société pendant l'année qui vient de s'écouler.... M. le baron Degérando, secrétaire, a repris ensuite la parole pour entretenir l'assemblée des succès obtenus par plusieurs artistes dans différentes branches d'industrie, et il a proposé de leur distribuer des médailles comme une marque de satisfaction de la Société.

On a remarqué avec un intérêt particulier, en raison de l'importance de son objet, la médaille d'or accordée à M. Dufaud pour l'application en grand des perfectionnements introduits depuis plusieurs années par ce fabricant dans le travail du fer.

Déjà en 1810 la Société d'Encouragement avait décerné à M. Dufaud un prix de 4 000 fr. pour la purification du fer cassant à froid. Un autre prix de 4.000 fr. lui fut accordé en 1811 pour l'épuration du fer cassant à chaud. La solution de ce double problème était déjà une grande conquête pour l'industrie, en ce qu'elle fournissait les moyens d'obtenir, avec les mines réputées les plus mauvaises, des fers d'une ductilité parfaite.

Encouragé par ces honorables suffrages, M. Dufaud, au lieu de faire de ces découvertes l'objet d'une spéculation, ne songea qu'à en rendre l'application facile. C'est dans cette vue qu'il rédigea en 1812 un mémoire qu'on peut regarder comme le complément de son système de perfectionnement, par l'emploi qu'il y fit de l'étirage au laminoir, si supérieur sous tous les rapports à l'action du marteau.

Le gouvernement, frappé de l'avantage de ces procédés, crut devoir les signaler à l'attention des fabricants en les faisant imprimer et publier à ses frais. Les événements politiques qui survinrent rendirent cette mesure infructueuse. Des circonstances plus heureuses ont enfin permis à M. Dufaud de faire, lui-même, l'application très en grand de ses précieuses découvertes C'est le succès complet de cette application que la Société vient de couronner en s'applaudissant de recueillir ainsi le fruit de ses premiers encouragements.

Et dans le *Bulletin de la Société d'Encouragement pour l'Industrie nationale*, 19ᵉ année, n° CLXXXVIII (février 1820), nous trouvons aussi ce qui suit :

Page 51. — Le jury central chargé d'examiner les produits de l'industrie française exposés dans les salles du palais du Louvre en 1819 a accordé, conformément à l'ordonnance royale du 9 avril 1819 :

Une médaille d'or à M. Dufaud, de Grossouvre (Cher), pour avoir établi et perfectionné en France le travail du fer par les cylindres, au sortir de l'affinage par le charbon de terre, et pour avoir inventé une machine à lames pour les canons de fusil, laquelle les fait bien plus parfaites et en quantité capable de fournir l'Europe entière.

Et *page 119*, dans la liste des fabricants et des artistes qui ont eu part à la fois aux distinctions de la Société d'Encouragement et à celles du Jury central de l'Exposition de 1819, nous trouvons :

Dufaud (de Nevers), genre d'industrie, fer affiné :

Récompenses décernées par la Société d'Encouragement, mention honorable et médaille d'or ;

Récompense décernée par le Jury central de l'Exposition de 1819, médaille d'or.

A la même époque il fut nommé Chevalier de la Légion d'honneur.

Annexe G

EXTRAIT du *Bulletin de la Société d'Encouragement pour l'industrie nationale*, 22ᵉ année (nº CCXXXIII), novembre 1823, page 306.

« La Société d'Encouragement décerna en 1819, à M. Dufaud, la grande médaille d'or, pour avoir introduit dans les forges de Grossouvre, département du Cher, les procédés anglais relatifs à la fabrication du fer, et qui consistent dans l'affinage au fourneau à réverbère, chauffé avec la houille, et dans l'étirage au laminoir.

» MM. Labbé et Boigues frères, propriétaires de l'établissement dont il s'agit, l'ont transféré à

Fourchambault, département de la Nièvre. La situation de cette usine sur les bords de la Loire offre de grands avantages pour les arrivages de la matière première et l'expédition des produits dans toutes les parties du royaume.

» Ce nouvel établissement est très étendu, tout y est disposé pour une fabrication annuelle de 5 à 6 millions de kilog. de fer, dont près de 2 millions ont déjà été livrés au commerce. Une colonie tout entière d'ouvriers anglais y a été importée à grands frais ; de nombreux élèves français leur ont été attachés pour naturaliser le secret de leur industrie.

» Toutes les fontes qu'on y consomme sont fabriquées au bois, ce qui leur donne une supériorité à laquelle les fers anglais ne peuvent atteindre. Neuf haut-fourneaux assurent son approvisionnement principal en fonte de Berri de la meilleure qualité. L'affinage se fait dans des fourneaux à réverbère chauffés à la houille, mais dont la flamme seule agit sur le fer, par l'effet de la réverbération, sans aucun contact possible entre le métal et le charbon ; il en est de même des fours employés à réchauffer et corroyer les fers affinés.

» Le nouvel affinage a l'avantage, sur l'ancien procédé, de laisser la fonte toujours à découvert. L'ouvrier la voit et peut la suivre dans toutes les parties de l'opération : et comme la disposition du four lui permet de diriger à volonté son travail et son feu, si le fer est mal affiné, c'est de sa part défaut de capacité ou de soin. Le procédé est tel, qu'un ouvrier capable et soigneux ne doit rendre que du fer bien affiné.

Quatre trains de laminoir et une fenderie, mis en œuvre par une machine à vapeur de la force de 60 chevaux, convertissent le fer en échantillons de toutes espèces, avec une précision inconnue jusqu'alors dans les forges de France et que le laminoir peut seul procurer. En effet, la pression exercée par le laminoir est bien plus propre à purger le fer de son laitier que la percussion du marteau. Lorsqu'on présente la pièce sous le marteau, les premiers coups en font jaillir, à la vérité, une assez grande quantité de scories ; mais au bout de quelques minutes, le refroidissement de la pièce en a resserré les pores, et les coups qu'elle reçoit ne font plus que l'allonger sans en faire sortir le laitier. Dans l'étirage au laminoir, au contraire, en moins d'une minute, la pièce passe successivement par un grand nombre de cannelures de formes différentes, qui la pressent vigoureusement en sens divers. Cette diversité de forme des cannelures ajoute beaucoup à l'effet de leur pression, qui a lieu pendant que le fer est à un degré de chaleur telle que ses pores, largement ouverts, laissent un libre cours à l'écoulement des scories.

La substitution du laminoir au marteau présente, en outre, l'immense avantage de pouvoir porter les fers à un tel degré de qualité qu'on peut le désirer, au moyen du *corroyage*, que le laminoir permet de leur appliquer à des frais modérés, opération qui serait impraticable sous le marteau, ou du moins que rendrait trop dispendieuse les frais énormes et la perte de temps qu'elle occasionnerait.

Ce corroyage a déjà reçu deux applications importantes : l'une pour l'embattage des roues de voiture, l'autre pour la fabrication des chaînes, par lesquelles on commence à remplacer les câbles de mouillage des navires, et qui sont d'une grande importance pour la marine.

Les fers à *carrossage*, composés de six barres de fer du Berri superposées et soudées ensemble par le corroyage, acquièrent, par cette manipulation, un nerf qui les met à l'abri de toute rupture ; et leur extrême régularité fait qu'il serrent la roue dans toute sa circonférence avec une précision qui en augmente beaucoup la solidité.

Quant aux chaînes des navires et à celles à l'usage des machines, le corroyage seul peut fournir la qualité à toute épreuve que leur fabrication exige.

L'établissement de Fourchambault, qui fait exister une population de plus de 4.000 individus, dans les départements de la Nièvre et du Cher, est dirigé par M. Dufaud, dont le talent et l'expérience dans la fabrication du fer sont avantageusement connus, et lui ont mérité des distinctions honorables de la part du Gouvernement.

Le jury de l'exposition de 1823 a décerné à MM. Labbé et Boigues frères la grande médaille d'or, comme ayant introduit des perfectionnements notables dans le travail du fer et les ayant appliqués aux fontes du Berri.

Annexe H

EXTRAIT d'une note manuscrite de G. Dufaud sur l'établissement et les développements successifs des usines de Fourchambault (dernière note rédigée par M. G. Dufaud et écrite en 1847).

Après avoir exploré les diverses positions qui nous étaient indiquées, nous donnâmes la préférence à Fourchambault : le ruisseau de la Bussière, qui vient se jeter dans la Loire à Fourchambault même, fut un des motifs de notre détermination, parce qu'il nous facilitait l'établissement d'une gare pour nos bateaux, et qu'en même temps son eau, mêlée à celle de la Loire, était un moyen facile d'alimentation pour les générateurs de nos machines à vapeur.

Le 1er avril 1821, nous commençâmes nos constructions, et le 15 octobre 1822, la première machine était en mouvement ; mais la fabrication n'a été courante qu'en janvier 1823.

Une seconde machine, spécialement destinée à la fabrication des fers de petit échantillon fut montée en 1827 ; on ajouta à cette machine une autre machine horizontale pour augmenter la puissance de ce nouvel atelier.

Dans l'année 1838, une machine à vapeur de la puisssance de 32 chevaux fut établie et spécialement destinée aux mouvements d'une soufflerie, d'une presse et d'un marteau frontal.

Enfin, 1846 vit s'élever une cinquième machine destinée à un jeu de laminoirs, à une presse et à des tours.

Dans la même année, un marteau-pilon mu par la vapeur, suivant le système anglais, a complété le grand atelier des usines de Fourchambault, dont la fabrication peut s'élever maintenant, par an, à 20.000.000 de kil. de fer de toute espèce.

On y fabrique, en grande quantité, des rails pour chemins de fer et des bandages de roues pour wagons et locomotives qui jouissent d'une grande réputation.

Fonderie de Fourchambault. — Dès la fondation de Fourchambault, nous reconnûmes la nécessité de créer une fonderie qui pût nous fournir les mouleries nombreuses dont nous avions besoin. M. Emile Martin s'associa, pour cette création, avec MM. Boigues sous la raison Emile Martin et Cie, et bientôt cette fonderie vint à notre secours pour les fréquents besoins que nous éprouvions en mouleries de toute espèce.

Cet établissement s'étendit promptement et travailla pour le commerce. Le pont du Carrousel, à Paris ; la charpente de la cathédrale de Chartres, plusieurs colonnes du pont de Saint-André-de-Cubzac, sur la Dordogne ; la colonne de Juillet, en bronze, sont les ouvrages remarquables qui sortirent alors de ses ateliers.

Les chemins de fer sont venus donner un élan prodigieux à ses fabrications. Une seconde fonderie, d'immenses ateliers de forge et de précision y ont été créés et maintenant la fonderie de Fourchambault est en ce genre, sans contredit, un des premiers établissements de France.

Ses fabrications exigent un emploi de plus de 7 millions de kil. de fonte et de 3 millions de kil. de fer, et dans ce moment elles sont encore en progrès.

Sous la direction de M. Emile Martin, ancien officier d'artillerie, un des principaux propriétaires, et sur ses projets, de grands travaux, comme ponts fixes en fonte, etc., s'y exécutent d'une manière remarquable ; tout ce qui sort de la fonderie de Fourchambault porte le cachet de la solidité et de la bonne confection.

FIN

www.ingramcontent.com/pod-product-compliance
Lightning Source LLC
Chambersburg PA
CBHW070530100426
42743CB00010B/2027